21天成为管理高手

张义福———著

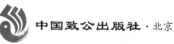 中国致公出版社·北京

图书在版编目（CIP）数据

21 天成为管理高手 / 张义福著 . -- 北京：中国致
公出版社，2024.6

ISBN 978-7-5145-2272-3

Ⅰ . ① 2… Ⅱ . ① 张… Ⅲ . ① 管理学—研究 Ⅳ .
① C93

中国国家版本馆 CIP 数据核字 (2024) 第 098146 号

21 天成为管理高手 / 张义福 著
21 TIAN CHENGWEI GUANLI GAOSHOU

出　　版	中国致公出版社	
	（北京市朝阳区八里庄西里 100 号住邦 2000 大厦 1 号楼西区 21 层）	
出　　品	北京紫金尚品文化传播有限公司	
发　　行	中国致公出版社（010-66121708）	
作品企划	吕玉萍	
责任编辑	李　薇	
责任校对	吕冬钰	
装帧设计	李　荣	
责任印制	程　磊	
印　　刷	德富泰（唐山）印务有限公司	
版　　次	2024 年 6 月第 1 版	
印　　次	2024 年 6 月第 1 次印刷	
开　　本	670 mm×960 mm　1/16	
印　　张	16	
字　　数	146 千字	
书　　号	ISBN 978-7-5145-2272-3	
定　　价	59.00 元	

前言

管理之道，首在得人；得人之道，首在得心。管理就是要搞定人，搞定人的唯一方式就是搞定"人心"。

"士为知己者死"，当一个管理者可以"拿捏"住人心时，任何风波和困难，都难以拆散他所在的团队。大家会拧成一股绳，劲往一处使，在商场中必将会是所向披靡的存在！

如何搞定"人心"呢？那一定要能玩转情商！

纵观历史长河，无论是古代还是现代，那些成就非凡伟业的领导者，往往都是情商高超的存在。古有汉光武帝刘秀，本是无名小卒起兵造反，竟统一天下；再有明太祖朱元璋，当年沿街乞讨，差点饿死街头，后竟一步步登上皇帝的宝座。今有数不胜数的企业家，出身贫苦、白手起家，在商场中成就一番伟业！由此可见，想成为优秀的管理者，智商不是决定性因素，情商才是你的核心竞争力，是一生都需要努力提升的！

管理，实质上就是情商的较量与运用。它不仅仅是安排任务、制订计划那么简单，更多的是关于如何理解他人、调动团队的积极性、化解冲突并促进合作。在这个过程中，情商的高低往往直接决定了管理的效果与团队的凝聚力。

独特的高情商管理模式分别从心理、激励、奖惩、沟通等方面展开，有针对性地采用不同的策略，打破管理中的困境，释放团队的无限活力。读完本书，你会发现，自己也可以成为一个管理高手。通过实战操作，你的员工们会心甘情愿地追随你，共同追求卓越。

目　录

第三章　体恤下属，做个有"人情味"的领导

第四章　响鼓须用重锤，把身边的"庸才"变干将

第七章 抓住人性，笼络人心，让不同特点的员工听从指挥

第八章 不眼盲、不耳聋，沟通是不变的带兵法则

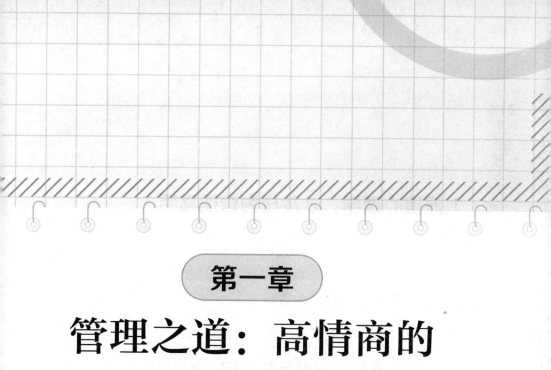

第一章

管理之道：高情商的领导者能掌控全局

1.深谙心理学，才能成为管理高手

好领导都是心理学大师。

如果下属只是表面服从你，那是危机；

如果下属发自内心信服你，团队才能发展。

优秀的管理者，从来不会让员工觉得他在管人；

敢于担责，让下属死心塌地、甘心卖命；

小事以事为本，大事以人为本；

不在公共场合批评下属。

　　一位成功的管理高手，一定也是一位出色的心理学专家。他们通常深谙心理学，能够迅速、精准捕捉到下属的心理，随即对症下药，从心理层面去征服下属，实现有效管理。

　　美国某化妆品公司的总裁玫琳凯就是一位很有管理才能的管理者。

　　有一次，在公司的业务会议上，玫琳凯看到一位新晋美容师的妆容、服饰和她美容师的身份不相符，顿时火冒三丈，想冲过去责备她。但她立刻停止了自己的行为，因为她想到：这位美容师刚刚入行，现在直接过去责备她，不仅不能让她正视自己的问题，还可能会伤害到她的自尊心，造成不可估量的后果。所以，玫琳凯没有直接批评这位美容师，而是采用了一个更巧妙的方式，让美容师意识到自己的问题并改正，还能让她感谢自己。

在会议即将结束的时候，玫琳凯在台上做了一个即兴演讲，演讲的内容是：美容师的仪容和着装。随着演讲的结束，台下响起阵阵掌声，这时，玫琳凯发现那位美容师羞愧难当，默默地低下了头。次日，玫琳凯在办公室又见到了那位美容师，她发现美容师的着装打扮大变样，既保持衣着简洁而不张扬，又充分展现职业的专业与庄重。于是，玫琳凯对美容师微笑表示肯定，美容师也明白了玫琳凯前一天演讲的用意，向玫琳凯深鞠一躬表示感激。在后来的日子里，美容师不仅把自己的问题改正了，还成了玫琳凯的心腹助手。

由此可见，玫琳凯是个深谙心理学的管理专家。在下属出现错误时，她没有选择当众批评，而是摸清了对方的心理，用一场演讲来点醒下属。这样的做法既不会伤害到对方的自尊心，还能让对方马上意识到自己的问题，从而改正错误。

在现代管理中，管理者更应该明白：管人先管心。用职权管理只能让下属表面服从，而赢得了一个人的心，下属将会从内心臣服于你。

在阿里巴巴，马云是个非常活跃、不愿意待在办公室的人。中国几乎所有的 CEO 都会坐在总裁办公室等待下属来汇报工作，但马云偏不，而是反其道而行之，跑到下属的办公室"闻味道"。

"闻味道"是怎么回事呢？

马云总是笑呵呵地走到某个员工工位旁，亲切地和员工交流，还会耐心倾听员工在工作中遇到的困难，和员工相处得很好。这种管理方式，不仅不会给下属造成压迫感，还能第一时间了解到员工的工作状态。久而久之，员工们渐渐喜欢上了这种沟通方式。

马云曾表示，只有常去"闻一闻味道"，才能清楚下属是一个什么样的工作状态。"谁积极谁不积极我一闻就知道了，根本用不着主管来向我汇报，我只相信我的'鼻子'。"

在他的公司，还有一个特色，就是员工能对他们的领导直呼其名。这种在大多数企业里看似是"犯上"的行为，在他的公司却是很普遍的现象。如果新来的员工"不懂规矩"，直接叫他"马总"，马云就会马上告诉对方："拜托你，别叫我马总好不好，叫我名字！"

对此，马云这样解释："我希望自己跟同事之间的感情，像亲人之间的感情一样，而不是单纯的老总和下属的关系，叫我名字很正常，名字既然起了就是让人叫的。"所以，员工也习惯把马总视如家人一般。

曾有一位员工评价他："我感觉他本质非常好，非常善良，比较照顾周围的人，不是应付，是发自内心的。他把我们当朋友，付出从来不讲回报，平等待人，而且做得很正。很多事情我们觉得很困难，可是他却说你看我们还有这么多希望，跟他工作我们感到很快乐！"

从管理的视角出发，员工是企业的核心利益相关者，领导者的首要任务是为员工提供卓越的服务，确保他们保持积极的情绪状态。只有当员工在工作中感到快乐、满足，并能在企业的平台上实现个人成长，获得超越工作本身的深层次价值和意义时，他们才能全身心地投入工作中，并将这种使命感和积极情绪传递给外部客户。这样的员工是企业最宝贵的资产，他们能够为企业创造持续的价值和效益，推动企业的持续发展。

领导的核心在于人心的征服，这就要求成功的领导者必须掌握心理学的精髓。若一位领导者对心理学一无所知，那么他就难以称得上是优秀的领导。

2.先跟后带：先同频，再说服

上下同欲者胜，同舟共济者赢；

话不投机半句多，争论是很难说服别人的；

带人要同频，管理要共情；

沟通要同频，否则就是对牛弹琴；

战略要同频，才能方向一致、同舟共济；

目标要同频，目标是管理者的，更是大家的；

先跟后带才是说服别人的必杀技；

先跟后带的三不原则：不批评、不否定、不对抗。

在与员工沟通时，大多数领导者都喜欢直接下命令或者灌输大道理。但这种沟通方式的效果并不理想。而且你越是用命令的方式强制员工，员工越是无法从内心真正接受，甚至还会用极端的方式与你对抗。

为什么会这样呢？

　　主要有两方面原因。一方面，员工已经有了根深蒂固的观念，如果你问他们一些和这些固有观念相关的事情，他们通常会不假思索直接给出心中默认的答案，而不愿进一步思考。另一方面，员工大脑中的理性和感性部分不是在一起的，无法进行有效对话，在这种情况下去劝说，他们会产生抵触和排斥情绪。

　　而采取"先跟后带"的方法，可以有效说服员工。也就是先在观念上跟随对方，再把对方引到你想要去的方向。简单来说，就是为了有效说服，得在心理上先和员工在一个频道上。

　　也许我们能明白员工内心的真实想法，但是我们很少用语言去回应和表达，没能让员工产生共鸣。那些未曾明确用言语表达的想法或情感，就如同藏匿于柜子中的毒蛇，让你心生畏惧。但是，如果想法或情绪被语言描述出来了，它就像被罩在透明玻璃罩下的蛇，显得没那么可怕了。这正是描述员工需求或情绪的作用所在。

　　"先跟后带"其实就是与员工产生共情。在沟通的过程中，你要把员工的需求准确描述出来，让员工明白你是懂他的。这样才能把员工带到你想去的方向。

　　也许你会说，如果对方的观点和你完全不一样，应该怎么处理？

举个简单的例子：

假设你现在是一个推荐员，正在向顾客推荐一台新款电脑。

顾客可能开始会说："我钱不够。"

你可以接着问："您的意思是对这台电脑感兴趣，但只是没钱买吗？"顾客极有可能会说："是的。"（看，我们这就得到了一个积极的回应）

然后你可以继续问："如果您有钱了，您愿意买一台吗？"

顾客说："愿意啊。"（此时我们就又得到了一个积极的回应）

顾客极有可能会继续说："可是我现在没钱买啊。"

千万别放弃，可以接着追问："我有一个好主意，不仅能让您用低于这个价格很多的钱买到这台电脑，还能让您赚点钱，您想知道怎么能做到吗？"

顾客说："啊？这怎么可能呢？"（其实顾客这时已经开始感兴趣了。）

此时你只需要继续说："我说的是假如，假如能，您愿意试试吗？"

顾客就会跟随着你的引导，向你想要的方向靠近："当然愿意啊，你说说怎么做吧。"（这样就可以谈生意了！）

"先跟后带"的核心在于逐步赢得对方的认同，最终将他们引导到你想说的事情上。和员工沟通也一样，通过"先跟后带"的沟通方式，我们可以让员工理性和感性的部分进行对话，让理性发挥主导作用，去调控感性的部分。

比如，当销售员说，其他同事以更低的价格抢走了他的客户时，可以先肯定他对客户的重视，如："你非常珍视每一位客户，也想给公司带来更大业绩。"接着，可以进一步认可他熟悉公司销售规则的事，如："你说其他销售员报价更低，说明你对我们的销售政策和流程更了解。"最后，引导他一同思考如何解决问题，避免类似情况再次发生，如："那你觉得我们怎么做，才能让同事间公平竞争，并维护好我们的客户关系呢？"

比如，一个员工说自己工资低时，你可以先认可员工的上进心，如："我理解你希望获得更高的收入，说明你有很强的上进心。"然后，可以和员工一起探讨提升收入的方法，如："那你觉得根据公司的薪酬体系，怎样才能涨工资呢？你希望我帮你提升哪些技能或能力，从而让你涨薪呢？"

再比如，当生产总监抱怨，销售总监的订单预测不准确，导致他们无法按时交货时，可以这样回应："你希望可以按时交货，说明你是以客户为中心的。"这样说是为了肯定对方。然后再说："你可以和销售总监召开一个会议，一起探讨一下，怎么做才能既满足生产部门的考核标准，又能确保准时交货。"

需要注意的是，我们的焦点不能全放在自己的目的上，而是员工的利益上。

3.正人先正己，不要小觑示范的力量

上行才能下效，正人还需先正己；

其身正，不令而行；其身不正，虽令不从；

真正的领导力，不在于说了多少，而在于做了多少；

身正则影直，管理者必先自身端正，方能正人正事；

大事难事看担当，逆境顺境看襟怀；

临喜临怒看涵养，群行群止看识见。

一声号令，群起响应，不是身居高位才能做到。作为管理者，能让员工真心追随，才能在关键时刻支持你。如果没有追随者，你的职位只剩下权力的空壳。作为员工们的领导，你的

工作习惯和行为举止通常会被他们当成模仿对象。所以，身为管理者更要以身作则，保持积极的工作态度和良好的道德修养，成为大家的榜样。

在柳传志的领导下，联想从一家资本仅为 20 万元的小企业发展壮大，如今已跻身于大企业的行列，成为中国电子工业的领军者。所以，柳传志在大家眼中就是民族英雄，也是一个成功的管理者。

确实，联想今天的成功与柳传志的人格魅力和品质密不可分。

在联想的发展历程中，发生过这样一件事。联想内部规定：任何超过二十人的会议，迟到者要罚站一分钟。不处罚完毕，会议就无法正常开展。有趣的是，第一个被罚站的竟是柳传志曾经的老领导。老领导紧张得汗流浃背，柳传志本人也出了一身汗。柳传志和他说："你先在这儿站一分钟，今天晚上我到你家里给你站一分钟。"

柳传志本人也曾被罚站三次。有一次，电梯出现了故障，柳传志被困其中，尽管他敲门寻求帮助并请人代为请假，但由于无人及时响应，最终还是因为迟到罚站了。

说到"做人"，柳传志曾有一段极具启发性的言论："第一，做人要正。虽然是老生常谈，但确确实实极为重要。在一个组织里面，人该怎么用呢？我们是这样看的，人和人相当于一个个阿拉伯数字。比如说 10000，前面的 1 是有效数字，带一个 0 就是 10、带两个 0 就是 100……其实 1 极其关键。许多企业聘请了很多有水平的大学生、研究生，甚至是国外的人才，但依然做得不好，是因为前面的有效控制不行，他也只能是个 0。作为'1'的你一定要正。"

他是这样说的，也是这样做的。比如在联想"不能有亲有疏"，也就是说领导的孩子不可以到公司任职。柳传志的儿子是北京邮电学院计算机专业毕业的，但柳传志不允许他进入公司。他担心子女们进入公司后，未来可能会难以管理。

柳传志以身作则，联想的其他管理者都以他为楷模，自发地遵循对公司发展有利的"铁律"。这种精神风貌为联想事业的蓬勃发展奠定了坚实的基础。

那么，管理者要如何树立榜样，发挥以身作则的作用呢？

（1）具备自我管理和自我约束的能力

善于自我管理的管理者，通常能独立思考，并付诸行动，他们不用监督，也能高效完成任务。

（2）坚守一个明确的目标

通常来说，员工都喜欢和全身心投入工作、对工作充满热情的人一起共事。一个优秀的管理者，除了要关注自身的利益和发展，还应该对某个特定的事物保持忠诚，比如一项事业、一款产品、一个组织、一个工作团队或者一个想法。这样的管理者，可以激发员工的归属感和目标感，加强团队的凝聚力，提高工作效率。

（3）不断提升自我竞争力，竭尽所能追求卓越

管理者一般都拥有左右组织发展的技能，所以你应该对自己有更高要求，树立更高的绩效目标，不能和普通员工一样。

（4）有魄力、自律

一个优秀的管理者，要有坚定的决心，更应讲诚信。此外，还应该具备独立思考和决策能力，以及优于普通员工的专业知识和判断力。在自己犯错时，应该勇于承认并改正自己的错误。这样才能赢得员工的尊重和信任。

作为管理者，如果缺乏自律，就不能以高尚的品德影响他人，也不能以强大的能力引领团队。如果不能赢得员工的信任和尊重，领导地位必将动摇，最终可能会导致任务失败。优秀的领导者一定要知道，自己要先做到，再去要求下属做到。

在多数员工眼中，出色的管理者一般都具备某种与众不同的特质，比如独特的领导风格、卓越的才能、非凡的人格魅力。如果管理者没有这些特质，就很难获得员工的尊敬和忠诚。

在这个特质中，管理者的自我要求是最重要的一点。你对自己的标准是不是远超对员工的要求？你是否能站在公正的立场上，设身处地地为员工着想？这种态度与修养是优秀管理者必须具备的。如果你只关心自己的利益，永远也不能成为一名出色的管理者。

对自己设定高标准，不能一蹴而就，你必须拥有"三军可夺帅也，匹夫不可夺志也"的坚定决心和毅力，通过持续的学习和实践来锻炼自己。在此过程中，员工会看着你的一举一动，当你听到他们这样评价你时：这位管理者值得信赖！他值得我们尊敬！就意味着你所有的努力都没有白费，你已经赢得了员工的信赖和尊重。

遗憾的是，有些管理者不能做到"自我要求"，他们总是把责任推卸给员工。比如，某公司准备开发新产品，召集全体员工开会进行讨论，由于管理者本人没有好的构想，让整个团队陷入了困境。这时，他可能会抱怨："这些员工真是一群废物，一个有创意的点子都提不出来！"

实际上，新构想的产生不能完全依赖他人，管理者自己也应该提出创意，然后再要求员工根据这些创意去策划和执行。只有通过团队的共同努力和协作，才能最终实现目标。如果管理者只是一味地将责任甩给员工，而不是与他们共同承担责任、解决问题，那么他们将很难赢得员工的信服和尊重。

员工服从管理者指挥的原因，主要可以归结为以下两点：

①管理者地位尊贵且掌握重权，如果员工违抗指示，将会受到处罚。

②管理者在思考、洞察力、技能和经验方面，比普通员工更有优势。

以上两个条件，缺一不可。缺少任一条件，下属都可能会反叛和离去，特别是第二点，非常关键。所以，作为一个管理者，你应该经常反思自己：

"我是不是在各方面都比员工更出色？我的观点、思考和做法是不是超越他们了？我应该如何进一步提升自己？"

"要求员工这样做，我自己能做到吗？"

想要赢得员工的尊敬和信任，你得对自己严格要求，不断去挑战自我。

在工作中，管理者必须亲力亲为，积极参与到一线工作中，这样才能起到带头作用。你需要全身心地投入企业的日常运营中，全面了解员工和企业的生存环境。在这个过程中，谁也无法代替你。因为企业想要形成真正的执行文化，最终还是要靠管理者来带领。

4.回报率最高的投资——别用钱！掏心就行！

真心换真心，才能得人心；

得人心是管理员工的根本；

关心下属的业务，更要关心下属；

把下属当人，而不是把下属当员工；

人心换人心，需要老板有很高的修养；

管理者要用真诚的心对待下属。

管理层有一句深入人心的格言："爱你的员工吧，他会百倍地爱你的团队。"

很多管理者认为，自己与员工之间似乎只有"对立"关系，但高明的团队领导者深谙"真心换真心，才能得人心"的哲理。他们采用柔性的管理方式，而非刚性的命令和控制，以营造出"和谐共进"的团队氛围。这种所谓的"软管理"，其实就是情感管理。

情感管理在现代管理中有着举足轻重的地位。它要求管理者能深入关注下属的情感需求，时刻关注员工的情绪变化，无论在什么情况下，都不能为了管人而管人，忽视员工的情绪。

很多领导者或许都遇到过这样的情况：即便给予丰厚的薪资，员工也满腹抱怨。有些员工甚至在离开公司后，仍不遗余力地批评公司和管理者的不足。你可能会觉得这些员工不懂感恩，甚至认为人心难测。

然而，事实并非如此。员工的不满和抱怨，很多时候和薪资待遇无关。我们发现，有些团队薪资水平并不高，但大家并没有对公司产生不满。即使员工离职了，也时常怀念公司的"好"。

马斯诺的需要层次理论表明，人类不仅有基本的生存和安全需求，也拥有情感层面的需求，每一种需求都一样重要。

霍桑试验已经证实，关注员工的情绪状态与心理健康，可以显著提升其工作表现。在团队内部构建"关怀"文化，可以有效维持员工的积极情绪，提高工作效率，从而带来业绩增长。

受中国传统文化和感情取向的影响，感情因素在团队管理中扮演着举足轻重的角色。身为管理者，只有关爱员工，投入真挚的情感，才能让员工理解、尊重并支持自己。上下级之间的距离拉近了，心在一起了，下级才会拥戴上级，对工作尽心竭力。

日本麦当劳的社长藤田田，在其畅销书《我是最会赚钱的人物》中，研究了多种投资的回报率，他惊奇地发现，情感管理所带来的回报率位居榜首，远超过其他投资方式。

藤田田对员工关怀备至，每年不惜投入巨资，与医院合作，设立保留病床基金，让员工及其家属能在生病或遭遇意外时迅速得到治疗。也有人提出疑问：如果员工一直都没有生病，这笔投入不是白白浪费了吗？对此，藤田田坦然回应："只要能让员工心无旁骛地投入工作，对麦当劳而言，这笔投入便是值得的。"

不仅如此，藤田田还开创了另一项创新举措——将员工的生日定为个人公休日，让他们能在这一天与家人共度美好时光。藤田田坚信："对员工的情感投资，即便花费不多，也能激发他们的工作积极性，释放出巨大的创造力，这种回报不是任何其他形式的投资所能比拟的。"

善于激励员工的管理者，他们的共同特点是从细微之处着手，倾注真挚的情感，关注那些看似微不足道的事。通过这些小举措，让员工在不经意间感受到管理者的关怀和温暖。

（1）重视节日与员工的生日

节日的庆祝和生日的礼物，不仅是对员工关怀的体现，更是调节工作氛围的有效方式。当传统节日来临，管理者可以根据节日特色，组织一些活动，如春节发放红包、儿童节为员工的孩子准备礼物等，用这些点滴的关怀温暖员工的心。

现代人普遍重视庆祝生日，聪明的管理者善于把握这一时机，主动为员工庆祝生日，为员工送上真挚的祝福。这样做往往能给员工留下深刻的印象，或许在当下，员工并不能完全感受到这份心意，但一旦换了新领导，有了对比，就会回想起你的关怀与温暖。

（2）关注员工的健康状况

很多知名企业都会聘请健康咨询公司，定期为员工做身体和精神检查。还可能会举办健康讲座、推广公司全员健身计划，全面提升员工的健康水平。更有一些企业会与当地健康中心或健身俱乐部合作，为员工提供健身条件。

（3）保证员工的工作安全

安全工作，仅仅是口头强调远远不够，必须让所有人按照规章制度有效执行，确保工作安全。在安全保障方面，一线领导必须明确安全责任制度，并落实到位。

（4）提供舒适的工作条件

员工在选择工作时，会比较注重工作环境的舒适度，包括办公地点的便捷性、办公环境的整洁与美观、上下班班车的舒适度，以及员工专用停车位的设置等。如果企业能在公司内部设置一个小吧台，让员工能在柔和的灯光下享受阅读杂志的时光，无疑会对员工产生极大的吸引力。

（5）关心下属的家庭和生活

下属的家庭是他们全身心投入工作的坚实后盾。如果下属在生活和家庭中遇到了问题，领导漠不关心，那即便领导在工作中对下属赞美再多，也只会显得虚伪和空洞，无法真正赢得下属的信任和尊重。

（6）照顾员工的家人

越来越多的企业开始认识到，照顾员工的家人非常重要。一些走在前列的公司，例如兰堪斯特实验室、宾夕法尼亚的制造商以及加利福尼亚的制鞋商，他们都在公司内部设立了托儿所，减轻员工照顾孩子的压力。

（7）弹性工作制

随着家庭生活日益多样化，越来越多的员工不愿意再像以前一样，规规矩矩朝九晚六。作为企业管理者，应深刻理解员工的困扰，并尝试探索出更多解决方案。比如可以采用弹性工作制，满足员工的个性化需求，解除他们的后顾之忧。

（8）摸清下属的基本情况

管理者应该多和员工深入交流，关心他们的生活状况。对于生活有困难的员工，要充分了解他们的个人和家庭情况，了解员工心中的主要顾虑，以便在员工需要时，有针对性地提供支持。

作为管理者，必须从大局出发，切实站在下属的角度考虑问题，用真诚的态度关心下属，真心为他们解决问题。特别是在一些关键时刻，更应表示关心和关怀：当重要下属外出执行任务时，要妥善安排其家属的生活，必要时指定专人负责，确保下属无后顾之忧；当下属生病时，管理者应及时探望，减轻下属的工作负担，确保下属得到及时治疗；当下属的家庭遭遇不幸时，管理者应代表团队提供援助，以减少不幸带来的损失。

5.对症下药满足需求，为员工赋能

所谓的管理难题，都是人的问题；

管理者最重要的工作，就是对下属赋能；

员工为水，企业为舟，水能载舟，亦能覆舟；

好员工从来不是盯出来的，是影响、激发、赋能出来的；

能力的背后是动力，动力的背后是位置；

赋予责任、激发动力，让每位员工成为企业增长点；

满足员工需求，员工才拿企业当回事。

人类天生就会通过行动来满足自己的需求。当员工有了需求，就会想要满足需求，从而促使自己动起来。这种需求其实就是对自己价值的认可，是我们内心的想法和感情的一种体现。

所以，作为管理者，需要以员工的情感为出发点，思考他们真正需要的是什么，而不是自己能为员工提供什么。只有满足了员工的需求，才能让员工心甘情愿为团队付出。

1918 年，松下幸之助在日本大阪创立了松下电器公司。公司成立之初，只生产电插座和灯泡等小型电子产品。令人感到意外的是，20 世纪 20 年代日本经济萧条，众多企业纷纷倒闭，松下电器公司却奇迹般地经受住了考验，顽强地生存了下来。

在经济萧条初期，松下电器公司正处于规模扩张的关键阶段。公司不仅拥有三家工厂和三百多名员工，还积极购置新地，建设总部、新工厂和员工宿舍。然而，随着经济形势恶化，人们的收入锐减，生活压力骤增，不得不削减开支以应对困境。销售商们也察觉到市场在恶化，减少了进货量，甚至停止进货。到了 1929 年，松下电器公司的销售额大幅下降，仓库中的产品堆积如山，卖不出去。再加上建设新厂房，资金压力巨大，经济危机全面爆发，公司一度濒临破产。

面对日益严峻的经济形势，松下电器公司的领导层倍感压力，他们经过深思熟虑，决定裁员一半。但实际上，当时即使真的裁员一半，公司也难以逃脱破产的命运。而且，随着经济形势的不断恶化，公司的前景堪忧。领导层不得已去拜访正在养病的松下幸之助，希望他能给出建议。

松下幸之助坚决反对裁员。他坚信，只有稳定员工，才能共渡难关。因此，他做出了一个令人震惊的决定：宁愿将产量减半，也决不解雇任何一名员工，不削减工资；员工每天只需工作半天，剩下的时间要全力推销公司的产品。

在领导层中，有人并不赞同松下幸之助的决策，认为员工每天只工作半天，理应只获得一半的薪资。然而，松下幸之助坚持这样做。他指出，当前的经济形势十分严峻，减薪将严重降低员工的生活水平，甚至可能导致部分员工陷入贫困。而且当前的就业大环境不好，员工也很难再找到合适的新工作。所以，他强调不能通过压榨员工来让公司摆脱困境，坚决不能解雇任何员工，也不能削减他们的薪资。

当公司向员工宣布这一决策时，员工们欢欣鼓舞。工作时间少了，他们就有了更多的时间和精力去推销产品。令人意外的是，公司积压的货物很快便销售一空，甚至供不应求。

在经济大萧条时期，当其他企业纷纷裁员、缩减规模时，松下电器公司却与众不同，他们不辞退任何一名员工，并且公平对待每一位员工。这样的举措不仅彰显了公司的责任与担当，也赢得了员工的忠诚与信赖。因此，松下电器公司不仅没有在这场经济大萧条中倒下，还扩大了规模。后来，也有其他企业以高薪聘请这些员工，但是没有人愿意离开，因为公司在自身都难保的时期，还在为员工考虑。

由此可见，多为员工着想，关心他们的需求，能让他们更热爱工作，更愿意为企业努力，也让他们觉得自己是企业的一部分。

那么，管理者应该关注员工的哪些需求，去满足员工呢？我们可以通过人性的六大需求来解读。

（1）确定性需求（这是激励的基本因素）

基层员工的确定性需求是基本的安全需求，这是他们维持生活的前提。在北京、上海、广州、深圳等一线城市的企业中，领导者往往更关注员工能为企业带来多少贡献，但员工却更关心自己的基本生活问题，比如晚上能不能有一个安全的住所（尤其是女性员工），以及能不能每天都吃上饭。员工们最关心的是吃饭、穿衣、住宿和出行这些基本保障，如果这些需求得不到满足，企业再怎么想增强凝聚力，也是没用的。

小王在北京创立了一家公司，他每个月给新员工 4000 元薪资。其实对于没经验的员工，4000 元薪资不算太低。他还想到了为员工解决住宿问题，每月给每人 500 元租房补贴。他觉得这样挺合理的，新员工可以合租房子住。但是他发现，最开始入职的几个员工慢慢都离开了，因为他们很难找到合适的住处。于是，他转变了策略，为员工租赁集体宿舍，并聘请一位阿姨负责员工的饮食。这个举措效果很好，很多年轻员工因此留在公司了。由此可见，基层员工对于确定性需求比较高。

一定要记住：员工最根本的需求是生活的稳定和安全感。如果管理者想让员工对自己忠诚，并推动团队发展，首先得满足员工的基本稳定和安全需求。

对于基层员工来说，基本生活有保障、工作环境安全、居住环境整洁、饮食健康以及医疗保障完善，都是从事一份工作要考量的因素。

（2）多样性需求（也称作不确定性需求）

满足了员工的确定性需求，只是激励他们的第一步。如果连这一点都不能满足，那你就需要反思了。而多样性需求，作为六大需求中的第二点，就是要给员工带来新鲜和不同的体验。这样的多样性，是为了让员工感受到公司生活的多姿多彩，从而对公司产生更强烈的归属感和忠诚度。

为了满足员工的多样性需求，作为管理者，你要发挥创意，给员工制造各种惊喜。对于那些渴望变化的员工，有些公司会经常在工作中加入新元素，比如加入新同事、推出新产品、拓展新市场、组建新团队、迎接新挑战以及开展新项目等。

此外，组织不同区域员工的交流活动、跨部门的实习机会、员工生日庆祝以及给团队意外的奖励等，都是满足员工多样性需求的有效途径。通过这些方法，公司能为员工创造一个充满活力的工作环境，让他们更有创造力和工作热情。

有些企业太想让员工拼命工作，想把员工的所有价值都榨干。这种做法只会让员工感到疲惫不堪，时刻想要逃离。相反，一个宽松的环境更能留住员工。员工在这样的环境里感觉舒服和满足，更愿意留下来，开心地工作。

企业要是能满足员工的确定性和多样性需求，往往就能建立起良好的员工关系。但要让员工一直忠诚于企业，并长期留下来，企业还需要进一步满足员工的第三个核心需求——重要性需求。

（3）重要性需求

满足员工的重要性需求，意味着让他们深切感受到被重视、被尊重、被认可。这种体验能让员工产生强烈的自我价值感，认为自己是公司不可或缺的一员，是被需要和被珍视的。

那么，如何满足员工这一需求呢？

企业可以采取多种举措，比如在员工生日、结婚纪念日等特殊的日子里，送上诚挚的祝福，让他们感受到公司的关怀和认可，从而使重要性需求被满足。

此外，还要培养员工的感恩之心，因为懂得感恩，会让他们更珍惜自己的工作，更努力为公司发展贡献力量。企业可以鼓励员工感谢那些帮助过自己的人，包括父母、同事、客户和自己，并且要把这种感谢变成实际行动。例如，设立一面感恩墙，把对公司有杰出贡献的员工的照片贴上去，并送上祝福和感谢的话，来表达对他们的感激和认可。这样做，可以增强员工的归属感和忠诚度，还能让公司文化更加积极和充满正能量。

还可以定期给员工发送感恩短信，向员工送上温馨的祝福，明确告诉他们，团队不能没有他们，让他们深切感受到自己被需要。除此之外，我们还要关心员工牵挂的人，包括他们的父母、孩子、伴侣。只要是他们关心的事，我们都要关心。请记住，要想和别人关系好，就得懂得理解他们的感受。只要真心关心、支持和帮助他们，无论是谁，你都能和他们建立深厚的感情。

作为管理者，你需要经常向员工表达：团队和客户都很需要他们。让员工觉得自己很重要，是团队里不可或缺的人。

刘邦之所以能战胜西楚霸王项羽，平定天下，就是靠三句话：

有道理！（认可别人）

我怎么没想到！（让对方觉得自己很聪明）

这对我很重要！（让对方感觉自己很重要）

（4）爱与连接需求

为了加强公司内部的交流和分享，促进员工之间的关系，我们可以建立一套全面的互动机制，涵盖工作与生活多个方面。把这种分享与互动变成日常，"爱与连接"就产生了。

那么，如何让员工感受到你的爱与连接呢？答案就在日常工作中。

我们可以经常与员工聊聊天，真诚地给予赞许和鼓励。在员工的重要时刻，送上精心准备的礼物与祝福，让他们感受到被重视与关心。

此外，通过一起完成任务，我们不仅可以帮员工创造更多价值，还能帮他们实现梦想。而只有员工的梦想实现了，我们的梦想才能实现。一个真正的企业家，不能只关注个人得失，而是要带领团队一起追求我们的梦想。

如果企业没给员工带来团队归属感，员工就会担心自己职位不稳，被裁员，经常想跳槽。这种心态会让员工整天想东想西，没法专心提高工作质量。相反，拥有强烈归属感的员工，能更全身心地投入工作，发挥出自己的全部才能。

（5）成长需求

员工在公司能不能实现个人成长很重要。

例如，有的员工初入职场时不自信，但在公司的工作过程中，他们慢慢变得自信，实现了自我价值的提升，这是成长。

又如，销售员工通过公司培训，销售技能提高了，业绩也越来越好，销售和管理能力都变强了，这也是成长。

再如，客服员工在公司学会了更多和人打交道的方法，让客户更满意了，还掌握了很多沟通技巧和服务策略，如电话沟通、短信互动、需求挖掘、倾听技巧等，而且在服务的过程中完成了销售目标，这还是成长。

此外，在公司工作，员工的收入稳步增长，身体状况越来越好，心态也更加积极乐观，这些方面的进步同样是成长。

作为管理者，如果你有优质的知识资源、好吃的餐厅、好看的视频、好玩的风景胜地推荐，或是赚钱的项目、靠谱的朋友、开心的聚会、有用的信息……那就分享出来吧！你的目标是让员工感觉到自己在不断进步，不仅在职业技能上，更是在生活的各个方面。

（6）贡献需求

每个人都希望在满足自己和家人的需求后，能给社会、团队和客户做出贡献。所以，我们的目标应该是帮助团队成员为团队、客户和社会贡献力量。

比如，我们可以组织团队参与爱心活动，如探访敬老院，为儿童福利院的孩子们送去关爱，或是参与义工服务等。这些活动不仅能满足员工的贡献需求，还能让团队更有凝聚力。

公司可以搭建一个平台，让做出贡献的员工和客户来分享他们的故事，让更多人知道他们的事迹和爱心。同时，我们也鼓励员工帮助他人，这样每个人都能充分发挥自己的优势，展现自己的才华，并为团队和社会贡献出宝贵的力量。

以上六个层次的需求，管理者要因人制宜，用合适的方法，为员工的工作和生活提供服务。只要管理者能理解，并满足员工这六大需求，就能把团队管理好。

在六大需求中，哪些需求对于员工来说最能激励人心？

说到激励因素，很多人首先会想到"薪酬"，它确实属于员工的确定性需求，而其他五个需求则起到推动作用。在工作中，如果没有满足员工这一确定性需求，他们会直接表达出最强烈的不满。所以，为了维持员工的稳定性，让其全身心投入工作，你首先要满足他们这一确定性需求。

然而，满足员工的确定性需求并不是最有效的激励手段。根据激励理论，人们对工作的满意与不满意是分开衡量的，即使员工收入很高，他也可能不热爱自己的工作，对工作没激情。真正能让员工热爱工作的往往是工作中的挑战、新鲜感、情感的连接、被认可、自我价值的体现、个人成长、工作的意义以及对社会的贡献等，这些正是除了薪酬之外的五种需求。

所以，管理者在设计奖励制度时，一定要深入了解员工的需求，确保奖励能真正激励员工。壳牌集团的奖励制度就值得我们学习，它充分考虑了员工的多元化需求，员工工作的积极性和满意度都很高。

壳牌集团对员工的奖励，主要包括以下三个部分：

①物质奖励：工资、奖金、股权等。

壳牌集团希望员工能把工作当成自己的终身事业，每年都会给员工涨工资，还发放年终奖。这种长期且稳定的薪酬累积比短期的分红激励，更能吸引和留住人才。

②精神奖励：企业文化、工作氛围等。

壳牌集团努力为员工创造一个更自由、灵活的工作环境。公司会根据员工的能力和天赋来分配工作，每个项目团队都有不同思维方式和工作方法的员工，可以充分发挥每个人的优势。公司的薪酬制度也是公开透明的，并建立了完善的休假制度，员工至少享有 15 天年假。此外，壳牌集团还推行弹性工作制，不打卡，给员工更多的自主权和灵活性。

③发展奖励：给员工做职业生涯规划，关注员工的个人发展。

壳牌集团人力资源部经理曾说过："给奖金会让员工开心，可是如果有员工认为他比另一个人工作更努力，拿的奖金却比他少，那么这样不满的情绪会在公司内部传播。"

　　壳牌集团的领导者高度重视员工的愿望和需求，并据此规划公司的发展目标。他们为员工制订个性化成长计划，让员工每年都有机会与全球同行交流，同时还建立在线学习平台，为员工提供丰富的培训资源。壳牌集团深知，只有真正满足员工的多元化需求，才能激发他们对工作的热爱和激情。

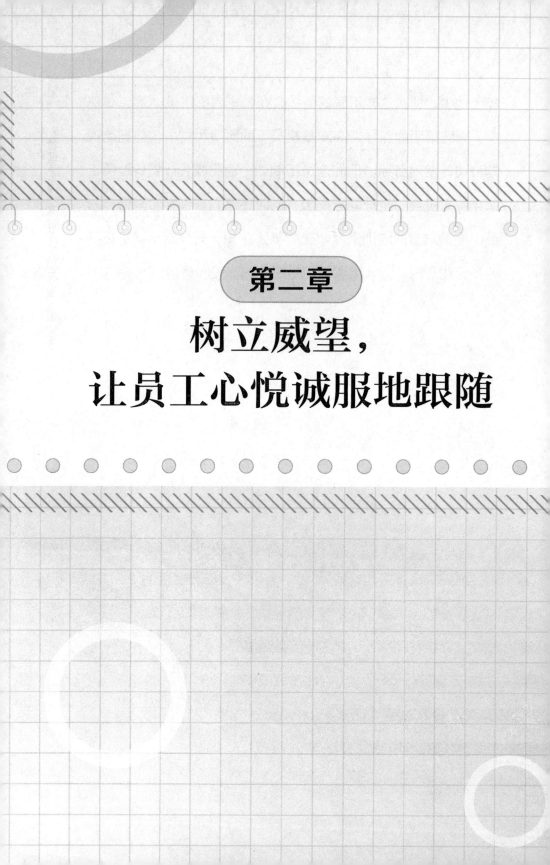

第二章

树立威望，
让员工心悦诚服地跟随

1.慈不掌兵，性格软弱当不了好领导

自古良将手下无弱兵，火车跑多快全靠车头带；

有优必奖，不会贪功；有错必罚，决不姑息。

一味地慈、仁，就会束缚住自己的手脚。

你不狠，员工就会对你狠；

带队宁严勿宽，否则就是一盘散沙。

公司发展好了，员工赚钱了，就是老板对员工最大的

"慈"。

　　"慈不掌兵"这句用兵古训流传甚广，意思是说，带兵打仗不能过于慈爱和心软，否则就不能掌控和指挥部队。春秋时期著名的军事家孙武也曾表达过类似的观点："厚而不能使，爱而不能令，乱而不能治，譬若骄子，不可用也。"意思是说，将领如果对士兵过于仁慈，以至于姑息迁就、不敢驱使，甚至溺爱而不发号施令，对士兵的违法行为也不忍惩戒，

这样的士兵就像被溺爱宠坏的孩子，根本不能作战。所以，身为一军之主，想要率领士兵打胜仗就不能过分仁慈，而应该恩威并施，恰到好处。

在此，我们可以探讨一下朱元璋管理下属的方法。据史书记载，朱元璋曾经沦落为乞丐沿街乞讨，后来还做过和尚，最终却成了明朝的开国皇帝。关于他成功的因素，众说纷纭，但我认为，朱元璋之所以能够成就霸业，主要就靠两个字："善"与"狠"。从表面上看，这两个字互相对立，实际上却是相辅相成的。也就是说，该仁慈的时候，一定要仁慈；该狠的时候，千万不能手下留情。

"慈不掌兵"这一古训，其实是对人性深刻理解后的智慧结晶。它不仅对古代军事将领带兵作战具有指导意义，同样在现代职场管理实践中也发挥着重要作用。作为一名企业管理者，如果过于仁慈，迁就员工，甚至过度追求所谓的"无为而治"，那么团队内部很容易滋生不正之风。长此以往，不仅会削弱管理者在员工心中的威信，还不利于整个团队的健康发展。

我们常说做人不易，然而成为一名出色的管理者更加不易。要想让企业蓬勃发展，管理者就得杀伐果断，不能心慈手软。不能心慈手软，并非意味着对下属冷漠无情，而是强调在关键时刻，不能因为过于仁慈而影响了重大决策的执行，破坏了整个大局。

实际上，管理者对下属过度宽容，可能并不是"慈"，而是"不慈"；而看似严厉的"不慈"，实则可能是对员工长远发展更为有益的"慈"。比如，如果管理者对下属的行为放任不管，那么整个公司的运营秩序就会陷入混乱。这不仅会影响企业的整体效益，也会导致员工在薪资待遇上遭受损失。相反，如果管理者能够对下属"狠"一些，虽然短期内可能会让员工倍感压力，但长远来看，有助于提高企业的整体效益，从而为员工带来更多的利益。由此看来，管理者对下属"狠"一些，其实有时候对员工更"好"。

在管理下属的过程中，严格与关爱都是一种管理风格。如果管理者过于偏爱下属，对方会误以为你软弱可欺，轻视你的权威；如果管理者过于苛刻，又会给对方带来沉重的心理压力，甚至认为你冷酷无情。

确实，"严"与"慈"并不对立，严并非冷酷，慈亦非无原则。明智的管理者，在处理与下属的关系时，能巧妙地在严格中流露出人情味，同时在温和中坚守立场、维护原则。

作为管理者，在管理下属时，不仅要表现出柔和的一面，还要擅长表现坚定的一面，做到严格但不过度，关爱但不溺爱。这样你才能在下属心中树立起威信，赢得他们的尊敬与支持，从而极大增强团队的凝聚力和战斗力。

2.管理者说话要三思，不能毫无顾忌

你的说话方式，显示出你的管理能力的强弱；

说话要留有余地，不要把话说死；

进不可攻，退不可守是管理者的大忌；

管理者之言，重于泰山，慎言方显智慧；

深思熟虑再开口，避免无心之言伤人心。

尽管我们每个人生来就具备说话的能力，但并不意味着每个人都"会说话"。也许有人对此不以为然，认为说话只是动动嘴皮子的简单事。但事实上，说话远非如此简单。

常言道："事前三思，而后行动。"意思是在行事之前需要深思熟虑。同理，我们在开口说话之前更应当如此，深思熟虑，才能保证话语的质量。因为"言语如同泼出的水"，一旦说错了话，就如同泼出的水无法收回。错误的话语可能会给他

人带来伤害，甚至造成无法挽回的局面。

调查显示，在谈话中出现失误，大多是因为没有经过深思熟虑，口不择言。例如，有些人喜欢开玩笑，但往往不能把握适度，不考虑场合和对方的身份，令局面一度陷入尴尬。轻率的言语不仅会损害自己的人际关系，对未来的事业和人生也毫无裨益。

在朱元璋荣登开国皇帝之位后，他儿时的一个伙伴前来求见。朱元璋虽然渴望与这位老友重逢，但又担忧对方会在众人面前提及他们过去艰辛不堪的往事。经过再三权衡，他仍决定召见这位旧友，心想：我不能让人说我富贵了就忘了旧情。当这位老友进入大殿，他立即下跪行礼，高呼万岁，并巧妙地用隐晦的言辞回忆起往昔："当年我跟随陛下征战庐州府，攻破了瓦罐城。汤元帅逃逸，我们抓住了豆将军和红孩子作为士兵，还多亏了菜将军的助力。"朱元璋见他对自己充满敬意，且言辞含蓄，回忆起当年大家共同度过的艰难时光，心中涌起深深的感动，于是重赏了这位老友。

不久之后，朱元璋不忘旧情、慷慨赏赐老友的事迹便传遍了四方。听闻此事的另一位朱元璋的儿时伙伴，也怀揣着发财的梦想前来求见。他一见到朱元璋，便显得极为兴奋，站在大殿之上，手舞足蹈地回忆起往昔："陛下，您可还记得咱们小时候的事？那时咱俩一起给有钱人家放牛。有一回，咱俩偷了些豆子放在瓦罐里煮，还没煮熟就急着抢起来，结果瓦罐给打破了，豆子撒得到处都是。您那时候光顾着捡豆子吃，不小心让红草根卡住了喉咙，还是我帮您弄出来的。"说完，他露出了一副得意扬扬的神情。

面对满朝的文武百官，朱元璋感到极为尴尬，他愤怒又懊恼地喝道："这个人究竟是哪里来的疯子，竟敢在此胡言乱语！来人，把他拖出去斩了！"

同样都是朱元璋儿时的伙伴，二人所讲述的也都是儿时的事，为什么第一个人得到了丰厚的赏赐，而第二个人却因此丢了性命？仔细分析，原因显而易见。第一位在叙述时深思熟虑，知道哪些话该说，哪些话不该说。他的话语重点在于凸显朱元璋当年的英勇以及自己对朱元璋的帮助，让身为皇帝的朱元璋听起来既顺心又有面子。而第二位却是毫无顾忌地将往事一股脑儿地说了出来，想到什么就说什么，想到哪里就说到哪里，完全不考虑皇帝的身份和场合。因此，他落得个被斩首的下场，也就并不奇怪了。

所以，领导在开口之前务必深思熟虑，这不仅是对听众的尊重，也是对自己的一种保护。精心打磨过的话语，往往能增添个人的魅力和信誉，同时也为自己留有余地。即使沟通过程并没有像预期的那般顺利，也能避免自己陷入过于尴尬的境地。

为什么有些领导的话听起来悦耳动听，令人感到舒适；而有些领导的话却如同连珠炮，让人听后像吃了火药一样难受？原因其实很简单，前者在说话前经过了深思熟虑，而后者则不然。阿里巴巴的创始人马云曾这样说过："傻瓜仅凭嘴巴说话，聪明人则运用大脑思考后发言，而真正智慧的人则是用心在说话。"这意味着，仅凭嘴巴而不经大脑思考的话往往显得愚蠢，聪明人在说话时会深思熟虑，而用心说话则达到了更高的境界。说到这里，你应该已经明白怎么说话才能更加得体、有效了吧？

3.与下属的距离既不能太远，也不能太近

不要跟下属吐露太多，因为迟早会后悔的；

不要跟下属走得太近，因为你根本不知道什么时候会反目成仇；

能置你于死地的人，都是最了解你的人。

做领导一定要有城府！

逢人只说三分话，不可全抛一片心。

作为管理者，为了高效推动工作，要以平和的心态对待下属，在工作中给予他们指导和建议，及时纠正他们的错误，并提醒他们需要注意的要点。这样一来，下属便能持续进步、不断提高，也能感受到自身的成长，从而在内心深处感激你，视你为值得尊敬的上司。在日常工作中，主动征求下属的意见不仅能集思广益，还能激发他们的积极性，共同合作，将事情做得更出色。此外，管理者在业余时间也可以多和下属交流，支持他们的工作，关心他们的生活，这些都是激励员工的有效方法。

所以，管理者与下属的关系不能过于疏远。但关系过于亲密也会导致管理出现问题。距离过近，下属可能会不服从命令，影响到整个团队的工作效率。

有些管理者认为，与下属亲近，和他们打成一片，就能赢得他们的尊敬。然而，现实往往并非如此。人与人之间的距离过近，有时也会成为一种束缚，限制人的思维和行为。如果与下属的关系过于亲近，下属对待领导的态度就会随意，进而无意识地将这种亲密关系带入工作中。这样一来，工作秩序和严肃性可能就会受到破坏，反而无法达到预期的管理效果。

　　王志鸿与赵明山在同一单位共事，王志鸿身为总经理，赵明山则是他颇为器重的部门经理。两人不仅在工作上配合默契，生活中也交往甚密，同住一个小区，业余时间更是频繁互动，从钓鱼到下棋，关系日渐升温。起初，王志鸿为调节气氛，会开些玩笑，赵明山也会幽默回应，后来两人间的玩笑逐渐升级，甚至互相起了绰号，王志鸿被称为"恐怖杀手"，而赵明山则得名"过江之鲫"。然而，随着这些绰号在公开场合的频繁使用，其他同事也跟着叫，原本的工作关系开始变得随意起来。赵明山在处理工作时也经常先斩后奏，不再像以往那样汇报请示，这让王志鸿感到非常不适，但又顾及情面而隐忍。这样的变化导致工作难以正常开展，两人间的关系也因此受到了影响。

　　作为一名管理者，一定要立威。与下属保持良好的关系固然重要，但过于亲近、随意或不拘小节，并不意味着能够更好地推进工作。想让工作正常且高效运行，有时必须保持适当的距离，以此维护管理者的威严。

　　首先，人们常常有一种"惯性"心理，就是一旦得到了某些好处，就会期望得到更多，甚至变得贪得无厌。如果你对某人过于亲近和纵容，时间一长，他可能会从最初的赞赏你"没有架子，工作作风好"逐渐转变为与你称兄道弟，无视上下级关系，不分轻重缓急。在工作中，他可能会开始讨价还价，甚至想用自己的想法来反抗你的决策。最终，他完全凌驾于你之上，对你的权威构成严重挑战。

其次，人们常常有"利用熟人"的心理。对于陌生人或接触有限的人，由于对他们了解不多，人们通常会小心谨慎，不敢轻易行动。然而，一旦彼此之间的距离拉近了，关系变得热络起来，就会对彼此的生活习性、特长爱好等了如指掌，一些人可能会刻意迎合你的喜好，或者会利用你的弱点对付你。更糟糕的是，你可能被别人牵着鼻子走。在这种情况下，你是掌控局面的管理者，还是被别人控制、利用了呢？

再次，为了维护组织的和谐与稳定，管理者应避免与特定下属过分亲近。过于亲近的关系可能会让管理者对下属的评价出现偏颇，无法做到公正用人，也让其他员工嫉妒，导致公司内部产生不必要的冲突。

最后，有句古话说得好："近则庸，疏则威。"与下属保持适当的距离，不仅有助于树立和维护上级领导的权威，也是维护组织秩序的关键。威严往往是距离的产物。尽管人与人之间本质上并无太大差异，但为什么有人必须听从另一个人的指挥？就是因为头衔的存在，这个头衔本身就是距离的一种象征。

那么，人的威严究竟从何而来？是天生的"帝王之相"，还是人格、气魄和气质？事实上，威严的塑造多半需要通过保持距离来实现。走得太近，看得太清，往往容易使他人轻视你的权威。

因此，管理者应当铭记在心：无论是密切联系下属，还是与下属打成一片，根本目的都是为了激发他们的积极性和创造力，推动工作的高效开展，最终提升组织的整体绩效。我们的目标不是只追求和下属关系好，而忽略了公司的层级和秩序。在日常工作交流中，作为管理者，你要掌握好和下属的亲密距离和交流频率，让下属能始终尊重上下级关系，避免过度随意或无所敬畏。

4.敢于做"坏人"：能力不足、不负责任直接辞退

老板越宽容，员工越没用；

做管理就是要"淘汰'南郭先生'"，激活人才！

没做好就是没做好，没有任何借口；

对平庸员工的容忍，就是对优秀员工的犯罪。

做企业，更要敢于淘汰高管，因为兵熊熊一个，将熊熊一窝。

淘汰制是企业最基本的激励方式，看似很残酷，却很奏效！

很多时候制约企业发展的往往不是人才不够好，而是拖后腿的人太多了。

经过战火洗礼，历经生死考验的士兵，才能称为真正的士兵。同理，一名出色的管理者，不仅要能招募人才、培养人才，领导团队并达成目标，还必须具备辞退员工的勇气，并成功辞退过员工。

辞退员工是中层管理者经常回避或不敢面对的难题。真正合格的管理者要勇于面对员工的离职，必要时还要果断辞退不合格的员工。

在职场上，我们的员工队伍根据表现和特质，大致可划分为以下四种类型：

第一种：精英员工（卓越之星）。这类员工不仅能力出众，工作态度也积极端正，备受上级青睐。他们数量不多，是团队中的核心力量。

第二种：潜力员工（成长之星）。这类员工职业素养良好，可能在专业技能或工作经验上稍显不足，但他们的学习能力和进取心比较强。只要给予足够的时间和机会，他们定能成长为优秀员工。

第三种：特殊员工（特才之士）。他们有些方面能力很弱或存在缺陷，比如性格有问题或者某些技能不足，而且很难通过培训和学习来弥补。但是他们也在某些方面很有才能，如技术上的专长。因此，在管理这类员工时，要特别留意他们的特点和需求，使他们的优势得到充分发挥。

第四种：负能量员工（破坏之星）。这类员工不仅缺乏基本的工作技能和职业素养，还带有负面情绪，对团队氛围和企业文化造成负面影响。他们就像害群之马，如果不及时处理，就会对整个团队造成严重的破坏。所以对于这类员工，管理者要采取必要的措施处理。

我们常说的问题员工，主要集中在后两种类型。对于第四种员工，他们的存在无疑是对团队的威胁，果断淘汰才是明智之举，无须过多纠结。对于第三种员工，处理起来其实更棘手。必要时，也需要有壮士断腕的勇气和决心。尽管他们的个人能力非常出色，但缺乏团队合作观念，这样的"明星式员工"往往容易成为团队的害群之马。保留他们，不仅会破坏团队的和谐，甚至还会让我们为此付出代价。

在《团队协作的五项障碍》一书中，凯瑟琳的经历就是一个经典案例：

凯瑟琳是旧金山一家零售公司的财务分析部门负责人，她接手了一个看似很优秀的团队。在这个团队中，弗莱德的表现尤为突出。他不仅具备出色的工作能力，可以高效完成各项任务，而且随着时间的推移，凯瑟琳惊讶地发现，弗莱德提交的报告质量极高，数量也很多，占了部门报告的一大半。他的贡献非常突出，让人难以忽视。

但是弗莱德从来都不帮助别人，反而常常要求他人承认他优秀，这种行为引起了很多同事的不满，他们纷纷向凯瑟琳投诉。凯瑟琳曾尝试与弗莱德沟通，但最终选择了容忍，因为她不愿失去这位表现卓越的员工。

后来，团队业绩开始下滑。为了挽救这种颓势，凯瑟琳加大了弗莱德的工作量，希望他能独挑大梁。这一决策却使整个团队的士气越来越低落，其他员工对弗莱德的抱怨有增无减。弗莱德对团队的负面影响，已经远远超出凯瑟琳的预想。这一局面让她深刻意识到，单纯依赖个别优秀员工，并不能解决团队的根本问题。

第二天凯瑟琳就被解雇了。几周后，弗莱德也离开了公司。随后，该公司聘请了一位新的部门负责人。令人惊讶的是，仅仅一周之后，该部门的业绩就恢复到了之前的水平。

凯瑟琳在事后深刻反思总结道："是因为我对弗莱德的宽容和容忍，导致了这些问题，公司解雇我，或许是一个正确的决定。"

对于团队中那些出类拔萃的明星员工，我们不能一味地纵容，要妥善管理、引导他们。既要发挥他们的优势，为团队带来更大的价值，又要防止他们发出破坏团队和谐的音符。如果我们在现实中也和凯瑟琳一样，需要在单个明星员工和整个团队的和谐稳定之间做出选择时，那必须拿出"壮士断腕"般的决心，毫不犹豫地牺牲前者，维护团队的和谐与稳定。

此外，团队中或许还有这样的员工：他们时常抱怨领导忽视自己，认为好机会都被别人抢走了，自己怀才不遇，没有得到应有的重视和重用；他们在工作中常常具有破坏性，不仅不为团队付出，还在制造摩擦和纷争，引发不必要的矛盾；他们总是等待他人去完成任务，自己却偷懒，没有责任心；他们在工作中没有规划和目标，总是盲目行事，结果没有取得任何成绩，还消耗公司的资源；他们看似在努力，实际上却常做无用功；他们虽然很想把工作做好，但由于能力不足或者疏忽大意，导致工作效果不尽如人意。

对于这类员工，如果通过多种管理措施仍无法促使他改进，那么就要及时淘汰。这不仅是领导者能力的体现，更是检验其领导力的重要标准。作为管理者，不仅要擅长招聘和管理员工，还要能让那些不称职、混日子的员工离开团队。

5.用兵要狠，爱兵要深，做管理就要有点手腕

一个合格的管理者，往往从"做狠人"开始：

敢于撕破脸皮，指出员工的问题；

心慈刀快，敢于开除人。

结果不好，就是不好，执行没有如果，只有结果；

如果真的爱你的伙伴，就考核他，要求他，逼迫他成长！

该软的时候，懂得放下身段；该硬的时候，能够挺起胸膛。

大胆起用并信任部下，让他们放手去工作；同时坚决执行决策，确保员工无条件服从。这是老板展现果断与决心的表现，也是打开场面的关键。但是，除了要对员工"狠"一点，

管理者也要关心员工，给他们提供帮助、支持和理解，这就是"爱"的表现。若仅有"狠"而无"爱"，管理者便可能将员工视为单纯的晋升工具；反之，若仅有"爱"而无"狠"，管理者则难以掌控全局，独木难支。

（1）当家人要软硬兼施

身为公司的领航者，管理者需要权衡的东西很多，不仅要顾及普通员工的利益，还要关注中层干部的期望，甚至要考量股东的诉求。所以，在处理事务时，必须软硬兼施、能屈能伸，才能游刃有余地应对各种复杂局面。

①适当时动动"刀子"。

当下属犯错时，领导应该采取措施纠正，警醒对方更加努力地工作。并且要注意处罚要根据客观事实，不能夹杂领导的个人情绪。

②勇于承担自己的责任。

老板要勇于担当，发现错误要坦诚承认，这样才能在员工心中树立起有责任心、有气度、心胸宽广的形象。以诸葛亮为例，他在马谡失守街亭后，主动自贬三级，以此承担用人不当的责任。这一举动并未影响诸葛亮的威望，反而使属下对他更加心悦诚服。

③让员工无条件地服从。

有些员工确实不服管教，有时还会做出一些极端行为，使公司的名誉和利益受损。处理这类员工，领导不能一味退让，要有点"手腕"，要不他们会越来越肆无忌惮。

a. 服从是员工的第一要务。

如果一名员工总是忤逆领导，这样的团队最终只能迎来失败；反之，员工无条件服从领导，执行力就会非常强大，达到事半功倍的效果。作为领导，一定要清楚："优秀的员工从不寻找借口，他们总是坚决服从并高效执行。"

b. 领导要确保令行禁止。

通常不被员工欢迎的领导都有一个通病，那就是言行相悖，口是心非。只有领导言出必行，员工才会心悦诚服，严格遵循指示，服从管理。

（2）精打细算的用人心计

在激烈的市场竞争中，很多公司因内部人事纷争走向衰败，而联想却早已稳固了人事布局。这得益于柳经理卓越的用人策略。

在20世纪80年代初，柳传志慧眼识珠，诚邀科学家倪光南加入联想，携手共创事业。在两人的共同努力下，成功研发出"联想汉卡"和"联想微机"，为联想日后的发展奠定了坚实的基础。为达成这一目标，柳传志为倪光南提供了诸多优厚条件，有力推动了联想的起步发展。

后来在技术投资上，他与倪光南产生了分歧，柳传志坚持自己的发展战略，倪光南对此颇为不满，两人之间的误会逐渐加深。最终，倪光南选择离开了联想，这段合作也因此画上了句号。

随后，柳传志南下香港，借助商人吕谭平的资源和人脉，为联想构建了一套契合长远发展的制度框架，引领联想步入高速发展的轨道。但擅长国际市场运营的吕谭平在管理层面却未能跟上联想发展的迅猛步伐，导致香港联想分公司陷入了严重危机。面对这一严峻形势，柳传志果断换人，让孙宏斌、杨元庆和郭为这些年轻有为的人来领导联想，希望他们能带领联想走出困境，再次成功。

这几个年轻人果然不负众望，他们最终将联想发展成为中国 IT 行业的领军企业。这时，柳传志知道必须做出人事安排了，否则可能会给公司带来毁灭性的打击。于是他将联想一分为二，就是现在的联想集团和神州数码。而柳传志本人则成了联想控股的掌舵人，引领着整个联想系的发展航向。

联想的成功经验证明了一点，企业要想做强做大，必须制定长远的人才战略规划。而作为企业的领导者，在人才选拔上必须果断，这样才能在关键时刻有可用之才，确保企业的稳健发展。

①重视人才，学会识别人才。

"人"就像一本充满智慧的书，其中蕴藏着丰富的知识和学问。作为企业的领导，需要去深入解读这本关于"人"的书，并善于从中挑选出具有价值的人才。

②掌握与人沟通的有效方法，学会驾驭人才。

作为企业的领导，要有很强的"领导"能力，员工才愿意听我们的教导，和我们一起努力达成目标。

（3）老板要敢于说狠话

当年，马云常常豪言壮志，没有人把他的话放在心上，甚至还会嘲笑他痴人说梦。随着他的宏伟战略逐一变成现实，人们开始对他的言辞倍加关注。这足以证明，作为领导者，要敢于发表自己的言论，并付诸实践，终将成就非凡的伟业。

①给员工下最后通牒。

客户的订单一般都有明确的时间要求，所以在规划工作进度时，领导必须和员工明确订单的最后期限，避免模糊不清的表达，确保订单能够按时高效完成。

②动员大会上表现出领导的力量。

领导在誓师大会上的演讲非常重要，要讲一些坚定有力的话语，激发团队的斗志，让他们感受到我们是他们坚强的后盾。这样才能充分展现领导的领导力和影响力。

③威慑违规的员工。

当有人违反工作纪律时，老板不能心慈手软，必须严肃对待，惩戒员工，达到惩一儆百的效果。

（4）有时候必须"独断专行"

"独断专行"一词通常带有负面色彩，容易让人联想到忽视他人意见、单凭个人主观判断行事的做法，专横且固执。

作为企业领导，我们最好不要独断专行，应该耐心倾听下属的意见，汇聚众人智慧，共同解决问题。但不可否认的是，在某些特定情境下，针对特定的人或事，"独断专行"尤为必要。这种果断并非一意孤行，而是基于深思熟虑和全面考量后的明智选择。

①有全局观念。

作为企业领导应站在高处，放眼全局，洞察事物发展的内在规律。应依据事物的连续性和因果联系，预见未来的发展趋势，从而做出明智的决策。

②有多谋善断的能力。

对于领导而言，在面对多种方案时，要能果断做出正确的选择，敢于承担风险。

③有指挥他人的手腕。

在关键时刻独裁行事，只下命令远远不够。比下命令更重要的是，领导要具备组织指挥能力，让团队按照自己的命令行事。

（5）卧榻之侧，不容他人鼾睡

公司就像一个名利大舞台，人们为了追求利益而聚集在一起，肯定会发生各种冲突与竞争。特别是在规模庞大的企业中，人事关系如同一张复杂的网，各部门之间会经常因为利益纷争不断，领导要特别小心不要丢失了权力。

公元 960 年，赵匡胤成功建立宋朝后，他打算逐一攻克其他政权以统一天下，接连战胜了荆南、湖南、后蜀等国家。974 年，他邀请南唐后主李煜前往汴京觐见。但是李煜担心自己会被扣留，于是派遣徐铉前往汴京求和。面对徐铉的请求，宋太祖赵匡胤毫不犹豫地表示："卧榻之侧，岂容他人鼾睡。"

赵匡胤志在一统江山，李煜政权的存在无疑是对其统一大业的阻碍。为确保国家的长治久安，他决不允许任何威胁他统一天下的势力存在。这种"卧榻之侧，岂容他人鼾睡"的心态，其实是一种防御策略，为的是保护自己的势力范围和利益不受侵犯。

那么，作为领导，在用人方面应该采取哪些有效的防范措施呢？

①不让核心人物成为潜在威胁。

老板身边通常会有得力的助手，而关键部门也需要有可信赖的负责人。这些核心成员必须对公司保持绝对忠诚，对老板保持忠心，否则可能会引发重大危机。

②提早布局，让自己更安全。

有些人目前看似并无威胁，但难保未来不会生事，甚至可能会对老板造成致命打击。所以，老板要有前瞻性，提前制订应对策略，或者趁对方尚未壮大时果断出手，防患于未然。

（6）把不称职的人扫地出门

在激烈的商业竞争中，作为企业领导，不能一味地宽容工作不力的人。如果发现某些下属的行为确实无法改善，甚至可能会带来严重后果，领导不能犹豫，应该及时将人解雇，避免更大的损失。

①不称职的人会拖后腿。

有些员工没有团队协作能力，即使经过培训也不达标。对于这些员工，老板必须采取果断措施，如调岗或解雇，以确保团队的整体效能。在执行这些决策时，不要感情用事、犹豫不决，更不能心慈手软。

②不称职的人会引起他人不满。

公司内部的问题，其实下属比领导本人知道得更早、更清楚。如果领导对员工的不良行为视而不见，或者无法处理表现不佳的下属，就会让其他员工非常失望，失去对你的信任。

（7）用兵要狠，爱兵要深

①狠：从大局考虑做事。

老板要"狠"，在思考问题时，必须从公司整体的战略规划和团队的整体利益出发。在用人上，应大胆委任，不徇私情；在裁员上，也应果断决策，赏罚分明。只有这样，公司才能保持高效有序地运行，充满生机与活力。

②爱：用关爱保持人情味。

公司的制度和规则虽然是严肃的，但员工却是有情感和需求的个体。作为管理者，应该真心去关心员工，照顾他们的情绪，体察他们的需求，让公司在保持秩序的同时不失人情味，赢得员工的拥戴。

（8）菩萨心肠，霹雳手段

一个领导如果没有强硬的手段，就难以树立权威；但仅有严厉的手段而缺乏慈悲之心，也无法真正让员工心悦诚服，他们只是被你的权威所压制而已。在这样的情况下，你的权威也将会大打折扣，难以得到员工真正的尊重和信任。

①在原则性的问题上硬碰硬。

管理者在经营过程中，把握好宽与严的分寸尤为重要。特别是在坚守原则和法律法规的立场上，必须毫不妥协，态度严厉。一旦有人违反法规或公司规则，应果断予以打击，决不纵容。老板只有建立起自己的威严，才能让员工在工作中更加谨慎和敬业。

②原则之外学会以柔克刚。

为了提升管理效能，老板还需要掌握循循善诱的艺术。通过温和、协商的沟通方式，激发员工内在的积极性和主动性。

（9）困难时期更要慷慨

经营者的付出与回报是成正比的，如果只期望他人的给予，而自身不愿付出，那么最终将耗尽所有"得到"的东西。

①再困难也要给员工发工资。

公司难免会遭遇资金困境，此时一些老板可能会选择拖欠或降低员工工资。员工是公司最宝贵的资产，我们应尽力避免克扣工资，确保他们生活无忧。只有这样，员工才会保持工作热情，与公司共同渡过难关。更重要的是，当员工感受到公司的关怀与付出时，他们会以更大的努力和回报来回应这份信任。

①老板自掏腰包解决公司财务危机。

公司设有独立的财务体系，与老板的私人财务支出相互独立。但是当公司面临财务困境时，老板应该毫不犹豫地拿出个人资金来化解危机。这样的举动不仅彰显了老板的责任心与担当，更能令员工深切体会到老板的用心良苦，从而更加理解和支持老板的工作。

（10）解除老员工的后顾之忧

解除老员工的后顾之忧，不仅关乎员工的个人福祉，更对公司的稳定发展和长远利益产生积极影响。老员工积累了丰富的工作经验和专业知识，是公司稳定运营的基石。解除他们的后顾之忧，能够让他们更加专注于工作，发挥出更大的潜能和创造力，为公司的发展贡献更多的智慧和力量。

①循序渐进。

一次性进行大规模的人事变动并不明智，最好先处理表现极差的员工。这样做有两方面的好处：一方面，能给其他员工一种警示，激励他们自我反省、积极改进、提升个人素质；另一方面也能避免引起过大的人事动荡，影响到企业的正常运营和平稳发展。

②降职调任。

对于有完善的干部升降机制的公司来说，降职调任相对容易。如果没有建立这类机制，那就要更加注意如何去沟通了。只要我们的沟通方式得当，妥善安排这些员工，他们一定能理解并接受公司的决策。

③劝退处理。

当部分员工确实难以适应公司的新发展，甚至不利于公司发展时，就必须劝退了。在此过程中，除了要得到他们的理解和配合外，还要给他们安排经济补偿和生活保障，让这些员工在离开公司后能够平稳过渡。

④强制执行。

无论是降职、调任还是劝退，在实施过程中一定会遭遇阻力。但如果必须做这件事，强制执行就是必要手段了。有些老板可能会担心员工报复，如散播谣言、泄露机密，甚至揭露企业的过往秘密。但是事情已经发展到这一步，我们别无他法，只能坚定地去解决这些问题。

⑤建立机制。

建立机制无疑是解决问题的最佳途径。机制的构建涵盖了许多方面，比如制度、股权分配、管理架构等。如果我们能尽早建立一套完善的机制，那么所有人都将有章可循，处理此类问题自然也会轻松许多。至于历史遗留的问题，我们可以待机制正式运行后再妥善解决，以确保整个过程更加高效。

（11）大家是一个队伍里的人

作为企业领导人，在日常的管理工作中，如果你能将自己塑造成"队伍中的一员",会更容易获得员工的认同与支持。

吴起,我国古代杰出的军事家,他深谙用兵之道,并为后世留下了宝贵的军事著作《吴子》。在《治兵》篇中,当魏武侯问及"兵何以为胜?"时,吴起回答道:"统帅能与士卒同安乐、共患难,就能和军队团结一致不离散,从而形成一个利益共同体。即使连续作战也不觉疲惫,不管用它指向哪里,谁都不能阻挡,这叫作'父子兵'。"

吴起不仅口头上这样说,也是这样做的。曾有一次,一位士兵身患毒疮,疼痛难忍。吴起见状,竟亲自用嘴为他吸吮疮脓。这一举动深深打动了那位士兵以及全体将士,大家同仇敌忾,奋勇杀敌,极大地提升了团队的战斗力。从这件事上,我们不难看出,吴起之所以能够屡战屡胜,威震诸侯,并不是因为他位高权重,或者骁勇善战,而是因为他能与将士们共安危,融为一体,真正做到了心连心、情牵情。

老板如果能与员工建立深厚的情感关系,关心他们的工作,更关注他们的生活,积极为他们排忧解难,那么员工自然会对老板产生深厚的信任与依赖,从而全心全意地投入工作中,帮老板成大事。

6. "削藩分田"，谁也别想搞"集权"

"物以类聚，人以群分"，合得来的就会形成"小圈子"；

小圈子都是憋出来的，本身不是问题，有问题的是变质的小圈子；

通常骂得最凶的，情绪最大的，最难搞的是领袖；

拆解小圈子，唯有疏，才能通。

在古代，帝王最为忌惮的不是民众的反抗或外敌的侵略，而是朝廷内部的结党营私。例如：唐朝时期的"牛李党争"加深了唐末统治的危机；清朝康熙年间，太子胤礽因结党营私，最终失去了储君之位。这种结党营私的行为，实质上是在统治层之外形成了一个"小朝廷"，严重削弱了统治者的权威。同样，在企业的运营中，如果管理权力分配失衡，也可能会出现与企业管理层相抗衡的"小团体"。对于这种现象，管理者必须坚决打击，决不姑息；否则，最终受害的必将是管理者自己。

如果你留心观察，会发现很多人都喜欢寻靠山、搭后台。这种现象在企业内部尤为明显，那些来自相同地区、学校，或是同期入职，以及具有其他共同点的员工，往往会不自觉地形成"小圈子"。这种"拉虎皮扯大旗"的行为，如果仅仅是为了稳固自身地位，而不涉及危害他人利益，那或许也并无大碍。

一旦下属开始结党营私，排斥领导，试图通过小圈子来谋取私利，这种行为就变得极为有害。它不仅会损害其他同事的利益，更会破坏企业的公平选拔机制，阻碍企业的发展。

"小圈子"中的"小"并非指规模或人数上的不足，而是狭隘的私利性和排他性。这种圈子往往只关注少数人的利益，在组织上排斥大多数成员，置全局利益于不顾。有时，"小圈子"实际上人数众多，且成员多占据关键职位，拥有较大的影响力，甚至可能形成一方割据的态势，自成一派，无视领导权威，甚至公然挑战最高管理者。一旦小圈子变得难以控制，处理它和整个组织的关系就会很棘手。

组织中的小圈子，就像人体内的肿瘤，一旦恶性膨胀，便有可能会侵蚀整个组织的健康，威胁生命。所以作为管理者，一定要坚决抵制小圈子，决不能一味地容忍。

员工之间拉帮结派，动机无非就两种：一是为了形成自己的派系，通过打压同事来壮大自身力量，进而引发内部纷争；二是为了经营自己的势力，培养忠诚的追随者，一起对抗领导，甚至企图取而代之。无论是哪种动机，都会对组织的团结和稳定造成危害，对管理者的控制力构成威胁。

所以，管理者必须坚决打击小圈子的发展，并想尽办法拆散小圈子。拆散小圈子，并不意味着要采取强硬措施。比如，我们可以通过调整权力结构、轮换岗位等方式来拆散小圈子，但这种方法也不够隐蔽，如果小圈子势力比较强大，可能会严重威胁到管理者，还可能会引发组织内部的剧烈动荡。所以，我们可以采用更隐蔽、巧妙的方式，让小圈子在不知不觉中自行消散。

（1）将依赖心转化为竞争心

比如，在管理者指导工作时，可以一个员工一个员工分别去指导，让其他员工产生好奇心："他究竟在学什么新东西？"在分配工作时，我们可以有意将不同的任务分配给小圈子内的成员，打破他们之间的默契和依赖。同时，我们可以将能力相当的员工放在一起进行比较，激发他们的竞争意识。这些方式，都能有效增强员工的竞争心理。

一旦员工具备了竞争心理，他们自然会产生强烈的进取心和向上心。我们可以利用这一契机，通过引导他们的竞争意识，推动他们更加努力地工作。

（2）在小圈子中钉进"楔子"

当小圈子的势力过于强大时，管理者千万不能采取过于激烈和仓促的行动，这样做不仅不能扭转局面，还可能会危及自己的前程。我们可以在对手之间插入"楔子"，去制造矛盾，让他们内部分裂，这样就相当于多了一份帮自己打击对手的力量，往往能取得事半功倍的效果。

运用这个策略，最关键的一点在于找到合适的切入点来插入"楔子"。小圈子内部成员之间可能存在感情裂痕、利益冲突或相互猜疑等，这都是潜在的切入点。找准这些切入点，管理者就可以让小圈子尽快分化，削弱其力量。

（3）规范用人制度

要从源头上遏制"小圈子"现象的产生，管理者要制定好制度并严格执行，特别是在招聘、晋升、调动这些重要环节上，要严格把关。比如招聘人才时，要设立同学、朋友、亲戚之间互相推荐的审查机制，让选拔过程公平透明，不能靠关系选人。

此外，还应该严格控制单位内部形成"同学单位""一家子团队"等现象，鼓励员工各展所长，专注于本职工作，确保提拔机制的正当性和系统性。

7.新官上任：大洗牌、制衡、杀鸡儆猴

你越霸气，越有底气，下属越怕你；

你越客气，越和气，下属越会蹬鼻子上脸；

新官上任大洗牌，重新调配分工，该轮岗轮岗；

刺头员工，精准打击，打击面不宜过大，以免伤及无辜；

心态平和，耐心等待刺头服软，不必急于求成。

朋友刚上任，就遇到了大麻烦：老员工不承认他的领导地位，没有人听从他的指挥。为了改变这样的局面，他向公司的前任高管请教，学习了一些有效的管理方法。经过实践，这些方法果然奏效，那些原本难以驾驭的下属如今都对他毕恭毕敬、言听计从。

他究竟是用了什么方法，让老员工对他心服口服的呢？现在把方法分享给大家，特别是最后一招，非常有效。

（1）对团队大洗牌

老员工倚仗自己在公司的资历和经验，往往对新领导的决策和管理持有怀疑甚至抵触态度。他们或许已经在公司里有了一定的势力，所以并不愿意配合新领导的工作安排。在这种情况下，单纯依靠说服往往是无效的，甚至可能助长对方的嚣张气焰。

最好的方式，就是对团队洗牌，打破原有的模式，削弱老员工在团队中的地位和影响力。主要有以下两种方式：

①调整分工。

这些不服管的老员工，通常会有一两个头目。他们和其他员工关系亲密、人脉深厚，是团队的带头人，其他人愿意听他们的话。

为了打破这种局面，我们可以找借口重新调整团队的分工，把那些原本聚集在一起的"刺头"和他们的"亲信"分散到不同的岗位或项目中去。

也可以采用轮岗制度，让他们在不同的岗位和环境中工作，这样不仅可以提高他们的综合能力，还有助于打破原有的小团体结构。

②调整重要岗位。

一些"刺头"之所以无所畏惧，主要是因为他们在核心岗位上。所以必须让他们脱离这个核心岗位。

比如，当这位老员工在工作中出现失误时，可以夸大他的错误，以其能力不足以胜任当前岗位为由，合理且有力地对其岗位进行调整。

（2）在团队中搞制衡

当下属之间紧密团结，形成小团体时，作为领导者，应当让他们自己分裂。比如可以激化他们之间的矛盾，加深彼此之间的竞争，效果显著。在这个过程中，你不用亲自介入，他们便会自行产生矛盾和冲突。

关键在于你要在团队中巧妙制衡，不能让任何一方独揽大权。主要有以下两种做法：

①给"刺头"安排对手。

哪个员工不听你的话，就把他的竞争对手放在他旁边。比如当某个下属负责一个关键项目时，可以安排他的竞争对手协助完成任务，以"团队合作"之名行分化之实。或者在分配任务时，故意将关系紧张的两个人安排在一起，让他们在工作中发生摩擦。这样既可以达到教训他们的目的，又避免了正面冲突。

②倾斜资源。

对于那些服从你的下属，可以给他们更多的资源。即使其他人有所不满，也只能默默接受，因为这是你作为领导的权力。通过这种方式，你不仅能够培养出一批心腹，稳固自己的地位，还能让那些"刺头"看清形势，明白谁才是真正掌握权力的人。当他们深刻领悟到这一点后，自然会收敛，不敢再轻易造次。

（3）杀鸡儆猴

实际上，最有效的策略就是杀鸡儆猴，让其他下属深刻感受到你的威严与决心。一般来说有以下三种方法：

①当众批评某个下属。

在公开场合严厉批评某个员工，可以警告其他员工，特别是那些难管的"刺头"，任何不当的行为都会受到严肃处理。

②经常提某件事情。

领导频繁提到某件事情，能让下属明白领导对此事非常在意。在这种强烈的暗示下，下属自然会明白哪些事是不能做的。

③拿别的团队做对比。

如果不想直接批评自己的团队，避免产生冲突，可以拿别的团队做对比。这种做法可以为下属树立一个明确的榜样，引导他们学习并提升自己。

（4）大力提拔新员工

很多领导都愿意提拔新员工，其实就是为了打压老员工。"一朝天子一朝臣"，古代皇帝为了削弱那些与自己持不同政见的老臣的势力，常常会提拔新的一批忠诚于自己的大臣。在职场中，这种策略同样适用。领导通过提拔新员工，意在向那些自认为经验丰富、功高盖世的老员工发出明确警告：你们并非不可替代，公司的运营不会因你们的离开而停滞。

那些自恃资历深厚的老员工，在目睹新员工的崛起后，自信心会受到严重打击。他们会开始感受到前所未有的压力，担心自己随时被取代。在这种心理作用下，即使之前再嚣张的员工，也会变得小心翼翼，收敛自己的行为。

从管理的角度来看，新员工的加入无疑为团队注入了新的活力。他们精力旺盛，充满事业心，对待工作充满创新力和想法。与老员工相比，新员工在某些方面可能更具优势。通过培养新人，团队的整体业绩还有可能得到进一步提升。

8.让人屈服，不如让人敬服

以力服人者，非心服也，力不赡也；

以德服人者，心悦诚服也。

擒心术为管理者手中的王牌。

用情感打动，这是最好的驾驭术。

权力不是要别人服从你，而是要你告诉别人如何干！

要想管好下属，管理者必须清楚一点：自己管理的是"人"，想要管理好"人"，就要先被"人"敬服。如果只是用手中的权力去命令下属做事情，即使下属表面上服从，内心也未必心甘情愿，执行效果自然会大打折扣。更糟糕的是，下属可能会阳奉阴违，甚至与管理者产生对抗，导致上下级关系紧张甚至对立。

有句古话说得好："以力服人者，非心服也，力不赡也；以德服人者，心悦诚服也。"作为管理者，想管理好员工，你需要具备强大的感召力。但是将权力与感召力等同起来，这是极为错误的。管理者真正的感召力并非源自手中的权力，而是他们自身的独特魅力。这种魅力能够触动下属的内心，让他们产生由衷的敬服。这样的敬服不是权力逼迫出来的，而是他们从内心生发的。

杰克·韦尔奇曾说："成功的领导，在于99％的领导个人所展现的威信、魅力和1％的权力行使。"

确实，只有真正让员工佩服的管理者，他的管理能力才能更好地发挥作用。相反，那些只靠权力而不注重个人魅力养成的管理者，即使能取得一些成就，也不会长久，当面对重大挑战时，更不可能有出色的表现。

领导，就是极致展现个人魅力，让别人愿意合作，一起实现目标的历程。员工之所以能死心塌地跟随他的领导卖力工作，很大程度上是因为领导独特的人格魅力。这样的领导自带磁场，具有强大的号召力，能带领员工勇往直前。

一位员工这样夸赞自己的领导："你不用和他待多久，只要1分钟，就能感受到他身上散发出来的魅力。我这么努力工作，其实很大原因是他身上那股难以抗拒的魅力深深地吸引了我。"

从领导效能的角度来看，我们必须承认：与其强迫他人屈服，远不如赢得他们的敬服。

要想成为一名成功的领导者，如果没有足够的魅力和影响力，就不能让员工心悦诚服地服从你的管理。

相较于职位的高低、薪水和奖金的多少，个人的魅力或感召力更为重要。它就像一支催化剂，可以激发员工释放巨大的潜力，促使工作计划和目标实现。所以，一个领导者成功与否，并非完全取决于职位的高低或权势的大小，更多的是取决于他是否拥有与众不同、足以吸引并引领追随者的强大魅力。这种魅力才是领导者真正的核心竞争力。

在《领导艺术学》中，作者威廉·柯汉同样提出类似的观点："90％的领导人，将工作保障、高薪和盈利视为影响员工工作的最重要因素，这是值得怀疑的。比上述更重要的因素还重要得多的因素是指，主管本身必须拥有超凡的、令人'敬服'和'归属'的领袖魅力，才有办法让员工跟着你走。因此，我们更可以确信，人们愿不愿意跟随你，要看你是否有强大的魅力，而非权力。"

请务必铭记在心：权力本身并不能自动赋予你魅力，拥有权力并不等同于拥有吸引力并可以掌控人心。为了有效管理下属，你只能去不断提升自己的个人魅力。

9.对外摆架子，对内"亲民""爱民"

喜欢摆架子的人，往往是"空架子"；

真正厉害的人，姿态很低；

而一个人身份越低，越喜欢摆架子。

水低为海，人低为王；

一个人越厉害，姿态越低，就像一个水杯，放低了，水才

可以流进来。

喜欢摆架子的人，其实是"格局小"。

作为管理层，很容易滋生一种优越感，即俗称的"摆架子"。这种"摆架子"行为其实并无益处，因为对下属而言，管理者本身就处于更高的位置，还总是摆出一副高高在上、不可一世的架势，就会将员工推得更远，无法进行有效沟通，也让下属难以对管理者产生真正的信服和理解。

管理者之所以能成为管理者，确实是因为他们在某些方

面具备优于他人的能力和见识。但喜欢"摆架子"的管理者却过分夸大了自己的优势，甚至到了极端的程度。他们不觉得自己稍胜一筹，而是认为自己远超众人；他们觉得自己不是在某方面出类拔萃，而是在所有方面都无懈可击。这种缺乏自我认知的心理状态，容易使他们高估自己的能力和地位，最终可能破坏团队的和睦氛围，甚至影响整个组织的运行效率。

有一位总经理为了和员工建立更亲密的关系，经常在业余时间与他们一起玩扑克牌，想以此增加和员工之间的交流互动。

玩扑克牌时，大家畅所欲言，每个人的性格特点和优缺点均展露无遗。牌局气氛热烈时，年轻员工还会用轻松的口吻和他打趣，为大家带来欢笑。通过这种娱乐方式，员工与领导更加了解了彼此，也增进了他们之间的交流与沟通。所以，他不仅是公司员工的领导，更是他们生活中的朋友与伙伴。

王某个性直爽、不拘小节，某次课题任务完成得非常出色。午餐过后，副主任走进办公室，轻轻拍了拍王某的肩，对他赞道："真没想到啊，你内心藏着这么一颗智慧之星呢！工作完成得非常出色，文笔也这么好，真是才华横溢，让人佩服啊！"而另一边，小刘是个性格温和、举止文雅的人。在会议上，他提出了一个很有创意的策略。副主任听后喜上眉梢，当众给予高度评价："别看小刘平时不怎么爱说话，但他却是个学识渊博、思维缜密的人。他提出的思路，为我们开辟了一个全新的方向，对我们的工作具有重大意义。我们都应该向小刘学习。"

这样风趣、和谐且充满快乐的工作环境，主要是因为管理者能放下自己的"架子"。作为企业管理者，只有在和下属交往时态度亲和、自然，下属才会愿意敞开心扉，把自己真实的一面展现出来。管理者才能深入了解下属的内心，体察他们的真实感受，了解他们的性格特点。这样一来，管理者在称赞下属时，才能针对每个人的特点进行精准鼓励。俗话说得好，一把钥匙开一把锁。这位管理者，就是因为掌握着每位下属心灵之锁的钥匙，才能给予他们最适合的鼓励，让他们感受到真诚的赞美，而非虚情假意。

刘备想为关羽、张飞复仇，率领大军讨伐东吴。孙权听从阚泽的建议，任命陆逊为主将，统领军队迎战刘备。得知此消息后，刘备询问陆逊是何人。马良回答称，陆逊是东吴的一位书生，曾在吴军偷袭荆州时出谋划策。刘备听后大为愤怒，发誓要擒杀陆逊以报关羽、张飞之仇。然而，马良却劝诫刘备，陆逊的才华与周瑜不相上下，不能轻敌。刘备却嗤笑道："朕用兵老矣，岂不如一黄口孺子耶！"

在军事战争中，胜利的关键在于谁能精准捕捉战机，精通战略战术，和年龄没有必然关系。刘备却自恃经验丰富，自称"朕用兵老矣"，并以此自夸战略周全，这样的行为显然非常自负。他嘲笑陆逊为"黄口孺子"，即乳臭未干的年轻人，实际上是对陆逊的轻视。后来的事实证明，刘备轻敌了，陆逊精心布局，火烧猇亭，让刘备遭受了重大打击。

刘备的经历告诉我们，领导者在思考问题时，应避免过分强调自身身份。如果总是以职务为出发点，就不能全面看待问题，在处理问题时就会产生偏差，造成不必要的损失。刘备声称自己"用兵老矣，岂不如一黄口孺子耶"，这种言辞恰恰反映出，他过于强调自己的领导地位，爱摆领导架子。

那么，为什么有些领导喜欢摆架子呢？主要原因就是等级观念在作祟。受这种观念影响，人们无形中被分为不同等级，而官职高低常被视为衡量个人地位与优越性的标准。所以，当这些人身居高位时，便容易沉迷于权力的诱惑，不自觉地流露出高人一等的姿态，也就是"摆架子"。

从管理者树立威信的角度看，如果你有真才实学，业务和工作能力比较强，还能和下属建立深厚的情感关系，通常能够赢得更高的威信。相反，那些仅仅依赖资历、官职大小，并时常摆出一副官僚作风的管理者，威信往往较低。所以，想树立威信，光靠"摆架子"不可取，得接地气，多和员工互动才行。

第三章

体恤下属，做个有"人情味"的领导

1.要有金刚手腕，但不能是铁石心肠

没有规矩，不成方圆；

但过度严苛，企业就离倒闭不远了。

管理要严，执行要狠，待人要善；

管理张弛有度，员工才服管。

高明的管理=先"法"后"理"再"情"

一个优秀的管理者既要有强硬的手腕，又要有一颗柔软的心，能够关注员工的情感需求，理解他们的困境和挑战。这样的管理者才能赢得员工的信任和尊重，让团队更和谐、更高效。如果管理者总是铁面无私、冷酷无情，下属就会觉得你没有人情味，这对公司来说不是好现象。

李菲是某广告公司设计部的主管，在与下属交往时，她总是板着脸。只要下属在工作中犯了错，她就会直接严厉地指责和批评，一点颜面不留，她认为只有这样才能树立自己的领导权威。

从业绩上看，李菲所带领的部门确实表现优异，出错率也相对较低。但是每当团队召开会议时，她的部门就显得异常沉默。其他部门的员工和主管都轻松愉快地交谈，商量着会后聚餐，而李菲的部门几乎没有人敢和她说话。大家在她面前也鲜少沟通交谈，基本安静地坐着，一言不发。

李菲也曾多次尝试主动与下属拉近关系，但每次员工都没有积极回应，部门内的紧张氛围一直得不到改善。所以，她决定向自己的领导孙总寻求帮助。孙总微笑着对李菲说："小李啊，你跟随我这么多年，你想想，我对你发过几次脾气，又有多少次对你冷脸相待呢？"

李菲开始思考孙总的话，她回想起与孙总共事的这些年，孙总很少对下属发脾气，但大家依然对他充满敬意。这时，李菲恍然大悟，原来是因为自己过于严厉，让下属觉得自己不近人情，所以他们才不愿意和自己亲近。

在管理下属时，想做一个有人情味的领导，并不意味着要放任下属的错误。相反，应根据情况灵活切换态度，既要有严厉的一面，也要有温和的一面。比如，和下属相处时，应该保持微笑，让对方感到自己的友善和亲和；在布置任务时，最好不要用过于强硬或命令性的口吻，尽量少说"必须"和"马上"等词汇，减轻下属的压迫感；当下属犯错时，应该给他们留面子，不在公开场合直接指责，以免伤害到对方的自尊心。这样管理，既能维护组织的纪律，又能和员工维持良好的人际关系。

芳芳是某医院儿科的一名护士。某日，她为一位一岁半患有腹泻的小女孩进行输液。但是由于孩子的血管太细了，芳芳尝试了很多次都没能把针头扎进去。看到孙女经受了几次不必要的疼痛，孩子的奶奶心中不悦，对着芳芳直接喊道："你到底懂不懂怎么扎针？赶紧把你们护士长叫过来！"

几分钟过后，护士长赶到了病房。她仔细检查了一下输液器，随后对芳芳说："这个输液器好像有点问题，你快拿一个新的过来。"芳芳拿来新的输液器后，护士长便迅速而准确地为小女孩扎进了针头。接着，护士长对芳芳进行了严肃的批评："在给病人输液前，你应该仔细检查输液器是否完好无损！不能这样粗心大意。"看到护士长对芳芳进行了批评，原本准备继续发难的病人家属也感到有些尴尬，便没有再指责芳芳了。

离开病房后，护士长特意将芳芳带到一个没人的地方，低声对她说："其实，那个小女孩的输液器没有故障，你要想把工作做好，就必须扎实练好基本功。"芳芳恍然大悟，原来护士长是为了维护她的面子，才和病人家属说输液器有问题。

自那以后，芳芳下定决心要苦练自己的基本功。她甚至不惜将自己当作"试验品"，每天在自己的手臂上反复练习。经过两年的不懈努力，芳芳终于成了医院里的骨干护士，同事们还给她起了个绰号——"一针准"。每当谈及自己在业务上的成长和进步时，芳芳总是会提起那位护士长，心中充满感激。

身为管理者，在日常工作中，有时就要严格一些。但需要明白一点：我们不能总是板着脸，让人望而生畏，也要在合适的时机表现温和、理解员工的一面，这样才不会让下属误以为你没有人情味。特别是在下属犯错误时，管理者更应该顾及他们的面子和尊严，不要直接批评。

总而言之，管理是一门需要巧妙平衡的艺术。管理者要懂得尊重下属，不管出现什么问题，都不能大声呵斥他们，而应该站在他们的角度思考问题，尽可能理解他们。只有这样，下属才会觉得你是一位充满人情味的好领导，从而更加积极地工作。

2.困难面前不退缩，做个能扛事的领导

领袖不是凭空出现的，是靠勇气和魄力一步步赢得尊重而来的。

管理者的魄力比能力重要一万倍！

困难面前不退缩，责任面前敢担当！

敢为别人不敢为之事，敢担他人不敢担之责。

好处自己占，牺牲别人做，没人会跟随你。

能以身作则，身先士卒；

也能敢于决策，承受失败。

1976 年，乔布斯与沃兹尼亚克携手创立了苹果公司，创业起点是乔布斯家中的车库。在初创时期，公司规模极小，只有他们两人和另一位合伙人。

当时，乔布斯凭借出色的公关技巧，吸引到了当地的一家电脑经销商的注意。他向经销商展示了那台具有划时代意义的

苹果电脑，尽管当时它只是一个由电路板构成的半成品，没有完整的外壳。经销商老板仍对这款产品很感兴趣，并提出要订购50台但必须组装好的电脑。

乔布斯接下了这笔订单。然而，沃兹尼亚克听闻后震惊不已，他质疑道："你知道完成这笔订单需要付出多大的努力吗？"沃兹尼亚克认为他们根本无法按时完成组装工作，一旦违约，将面临高额的赔偿金。乔布斯对此并不认同，为了筹集购买材料所需的资金，乔布斯不惜变卖自己手中一切有价值的物品，甚至连自己的小汽车也被卖掉了。于是，乔布斯、沃兹尼亚克以及他们的两位朋友，夜以继日地装配并进行密集的测试，终于在规定时间内顺利交货。

这50台电脑的成功售出，不仅为初创的苹果公司注入了启动资金，还带来了良好的声誉。可以说，如果没有乔布斯的胆识与魄力，苹果公司也许早就倒闭了。

乔布斯的魅力在于他具有迎难而上的勇气与决心，即使在困境中，也从不退缩或逃避，而是敢于承担风险，去攻克难关。也正是因为他的魄力，让员工觉得他是值得信赖的。企业迫切需要的就是能够引领团队攻坚克难、勇往直前的领导者，只有具备这种品质，才有能力带领企业走出困境。同时，这种勇往直前的精神还会感染员工，增强他们的信心，从而提升团队的凝聚力。

在困难面前，能扛事的领导与普通领导之间最大的差别不是年龄、性别或者工作能力，而是有没有敢为人先的魄力。能扛事的领导敢作敢当，在困难面前沉着冷静，会分析问题、解决问题。相反，普通领导在遇到困难时可能就退缩了，将负面情绪传递给员工，导致整个团队的效率低下。

在管理工作中，我们应该做一个能扛事的领导。当员工出现工作失误时，不是一味地批评员工，而是主动和员工沟通，帮助他们厘清问题，并一起去解决问题。这样做，可以拉近你和员工的心理距离，从而得到员工真正的爱戴和信赖，激发他们更加努力工作。

3.站在对方立场，理解员工的不容易

横看成岭侧成峰，远近高低各不同——

所处位置和立场不同，思考的角度亦不同。

聪明的管理者，不会站在员工的对立面，而是换位思考。

只有换位思考，才能看到问题的本质。

将心比心，方得人心。

一位母亲领着四岁的儿子去买圣诞节礼物。他们走进繁华的商场，欢快的圣诞赞歌四处回荡，各式各样的圣诞礼物在橱窗里熠熠生辉。母亲牵着儿子的小手，漫步其中，欣赏着商场里琳琅满目的商品。

就在这时，儿子突然毫无预兆地哭了起来。母亲疑惑地询问儿子："宝贝，你怎么了？如果你一直这样哭，圣诞老人可能就不会给你送礼物了哦！"儿子带着一丝委屈对母亲说："妈妈，我的鞋带松开了。"

母亲蹲下身为儿子系鞋带时，才恍然大悟：由于儿子的身高有限，他根本看不到商场中悬挂的节日彩灯，也无法欣赏到橱窗里那些迷人的圣诞礼物。儿子的视线里只有大人们粗壮的双腿和巨大的鞋子，这或许就是儿子感到委屈的原因。

这位母亲第一次从孩子的高度去观察世界，眼前的景象让她深感震撼。于是，她立刻将儿子高高地抱起。当儿子被抱起来后，他眼前的世界瞬间变得丰富多彩，他兴奋得欢呼起来。

自那以后，这位母亲再也不把自己认为的快乐强加给孩子，而是尝试从孩子的角度出发去思考问题。实际上，在我们的日常生活中，每个人都应当学会站在他人的立场看待问题。

只有当我们真正懂得换位思考，将心比心，才能深入了解他人的想法和感受，进而理解他们的言行。

在人际交往中，理解无疑是增进感情的关键因素。当我们能够设身处地地为对方考虑，理解他们的心情和难处时，不仅能加深彼此的感情，更能促进双方的交流，使关系更加融洽。

在一次电台节目中，卡耐基在介绍《小妇人》这本书时，把作者生活的城市说错了。由于是直播节目，卡耐基并没有立刻察觉到这一错误。节目播出后，他收到了大量听众的质询、指责和谩骂。在这些声音中，有一位老太太的尤为激烈，她言辞犀利，对卡耐基进行了猛烈的抨击，几乎将他贬得一无是处。

面对指责和谩骂，卡耐基虽然心生不悦，但他选择了克制，没有立即回击。随后，他尝试从老太太的角度思考问题，并主动拨打了她的电话，坦诚地承认了自己的错误。

当老太太听到卡耐基诚挚的道歉后，她感到非常惭愧，连忙说道："其实，应该道歉的是我。就算你真的犯了错，我也不该那样辱骂你，对你发那么大的脾气。"

卡耐基主动道歉的行为，不仅平息了听众的怒火，更赢得了他们的尊敬与钦佩。这正是相互理解带来的积极结果。在日常生活里，无论你是谁，家庭主妇、领导还是下属，都渴望得到他人的理解。所以，在和他人相处时，如果你的行为和观点是正确的，就用平和的态度让对方认同你，如果你做错了，就主动承认错误，虚心接受对方的批评。

最近丽娟遭遇了不少烦心事，她每天不仅要接送孩子上下学，还要照顾生病住院的母亲，所以她很难全身心地投入工作。一次，丽娟填错了表单，客户对此极为不满，甚至扬言要和丽娟所在的公司终止合作。

得知此事后，丽娟的领导十分愤怒，他严厉地批评了丽娟："你以后在工作的时候上点心，绝不能再粗心大意、应付了事了！"这批评直接点燃了丽娟的怒火。她非但没有向领导认错，反而情绪激动地宣泄着自己的不满和烦恼，甚至对领导出言不逊。

发泄完怒火后，丽娟才如梦初醒，意识到自己冒犯了领导。她心中忐忑不安，等待着被公司解雇。然而，领导的反应却出乎她的意料。他没有把丽娟的话放在心上，反而平和地询问："你现在情绪稳定些了吗？"然后转身给丽娟倒了杯水，温和地说："先喝口水，放松一下。我才知道你家里最近发生了很多不愉快的事情，但我却没有及时发现，没有给你足够的关心和支持，这是我作为领导的疏忽。我决定给你半个月的休息时间。这段时间，你可以好好照顾你的母亲，顺便调整一下自己的情绪，之后再来工作。"

丽娟在休假期间，领导不仅没有扣她的薪水，还亲自前往医院去探望她的母亲。两周后，丽娟处理完了家事，重返工作岗位。自此以后，她比以前更加努力工作，也很少再犯错误。

由此可见，丽娟的领导是一位十分智慧的管理者。尽管丽娟曾情绪失控，对他发泄了一通，但他并未因此辞退她。他从丽娟的立场出发，理解她的困境，并主动给丽娟放假去照顾母亲。这样的领导，自然能够赢得员工的钦佩与忠诚。

所以，作为管理者，要想有效管理团队，最有效的工具不是"严厉"，而是"温情"。从情感入手，温暖人心。一旦员工在情感上和你产生了共鸣，"严厉"也就变得多余了。

身为管理者，你不能总是摆着一张"臭脸"，要学会用理解和关心这把"温柔的利器"来对待下属，让下属觉得你是个有人情味、温暖的人，他们才会更尊重你，把你当成值得信赖的领导者。

4.不盲目施压，必要时刻能减压

人无压力轻飘飘，井无压力不喷油；

但压力不一定是动力，也会是杀手；

强压手段管得住员工的嘴，但管不住员工的思想。

用外力施压，永远不如员工在自我驱动力下的自我施压。

高明的管理者，不盲目施压；

须明辨员工的能力与需求，合理引导，激发潜能，而非一

味加压。

在单位里，领导不仅肩负着管理整个团队的职责，还常常
会成为压力的源头。对待下属时，你的管理方式不同，对下属
的心理就会造成不同的影响。

如果管理者对待下属总是非常严厉，态度严肃，下属就会
感到压力很大，心情沉重。一旦这种压力超过了下属的心理承
受极限，他们的斗志和激情就会慢慢消散，对工作消极抵触，

工作质量和效率也会下降。

刘海铭是某外贸公司的总经理，他对员工的要求非常严格，说话做事从不给对方留余地，公司的员工都对他心生畏惧。与刘总截然不同的是公司的副总张辉，他的管理风格温和亲切，给下属们的感觉就像是一个平易近人的大哥哥，他从不轻易批评下属，被员工们亲切地称为"老好人"。

几个月前，公司承接了一个来自战略合作伙伴的重要订单，上下各级都极为重视。在项目启动前，刘总召开了全体员工会议，并在会上严肃地提醒大家："此次任务必须做到万无一失，任何部门若出现纰漏，必须自行承担所有责任。"员工们都知道，刘总已如此表态，一旦出现问题，后果必然极其严重。随后，刘总安排好工作计划和流程后，各部门便开始了紧张有序的工作。

由于大家都明白此次任务十分艰巨，所以在执行任务的过程中，每个人都非常谨慎，甚至有些过于小心翼翼。观察到这种情况后，副总张辉立即出面为员工们加油打气。他亲自到各个部门巡视了一圈，询问各部门的工作进展。随后，张辉豪迈地一挥手，说道："今晚不加班了，我请大家吃饭、唱歌去，好好放松一下！"

晚宴上，张辉向大家坦言："这次订单对公司而言意义重大，所以刘总的态度比以往更加严厉，这也是情理之中的事。但请大家不要过分紧张，工作就按照既定的方式去做。今晚，就让我们放下所有顾虑，尽情享受这段时光，明天我们再以饱满的精神去工作！"

经过副总张辉的鼓励与打气，员工们的士气明显高涨，最终也顺利且出色地完成任务，并超出了预期的标准。

在这个案例中，总经理刘海铭与副总经理张辉的角色分工十分明确。总经理刘海铭通过严肃的态度给员工施加一定的压力，并将这种压力转化为员工工作的动力。而副总经理张辉则以温和的态度为员工减压，使他们能够在轻松的氛围中开展工作，从而最大限度地激发员工的斗志和潜能。

在工作中，如果管理者对下属施加过多的压力，员工心理负担重，可能会失去工作热情，更不可能在工作中找到归属感。此时，领导需要为员工减压，但也不能忽视树立威信——如果管理者完全不给员工施压，可能部分员工就会在工作中马虎应付。所以，施压和减压应该并存，可以试试以下方法：

（1）工作任务分段法

当管理者为员工设定的目标过于宏大或高远时，往往会使员工感到畏惧，甚至因担忧无法完成任务而丧失工作热情。所以，管理者在分配任务时，可以把一个大的目标细化为多个小目标。每当员工成功完成一个小目标时，就及时给予他们精神上的鼓励和物质上的奖赏，让他们更加积极地投入下一个目标中。

（2）培养员工的抗压能力

鉴于每个人对压力的承受能力不同，面对相同的压力时，人们的感受也会有所不同。所以，为了使员工能更好地应对工作压力，可以先培养员工的抗压能力。包括训练员工的主观幸福感知力、客观态度能力、认知调整能力以及幽默感等，这些都能有效提升他们的抗压能力。员工的抗压能力提升了，他们才能更好地适应工作环境，在面对挑战时也会更加从容不迫。

（3）在组织内部设立咨询机构

心理学家通过科学实验已经证实，倾诉是舒缓内心压力的有效手段之一。然而，在快节奏的现代社会中，人们往往为生活和工作所忙碌，很难找到一个愿意倾听自己心声的人。即便是亲朋好友或家人，真正深入交流的时间也没有多少。对此，企业可以设立专门的心理咨询机构。当员工感到压力大时，可以向专业人士求助，通过专业的指导和帮助来减轻心理负担，实现心灵的解脱与放松。

值得强调的一点是，不同的员工在面对外界压力时，所表现出来的反应差异明显。举例来说，有些员工在高压环境下工作起来更加高效。对于这类员工，管理者可以适当增加压力，让他们释放出更大的能量。

也有部分员工自我调节情绪的能力相对较弱，一旦遭遇压力，便容易陷入恐慌，甚至对自身能力产生严重怀疑。对于这类员工，管理者最好不要施加过大的压力，可以为他们打造一个轻松、愉快的工作环境，让他们心情愉悦地工作。因人而异调整管理策略，管理者可以更好地满足员工的个性化需求，从而实现整体工作效能的提升。

5.别吝啬你的赞美，好下属都是夸出来的

良言一句三冬暖，恶语伤人六月寒。

一句赞美的话胜过一剂良药，可以治愈心灵的创伤。

赞美是激励员工最快捷、最实用、最经济的办法，

赞美是对正确行为的强化指导。

表扬员工要具体，不要尬夸、硬夸。拒绝空洞的互相

吹捧。

口头表扬不宜过多过滥，要发自内心。

工作中，员工都渴望得到领导的认可与鼓励。除了晋升和奖金等物质层面的激励，表扬和称赞等精神层面的奖励同样重要，可以让员工的精神需求得到满足。

人们通过实践得出："赠人金银，不如赠人良言。"《荀子》中的"赠人以言，重于金石珠玉；劝人以言，美于黼黻文章；听人以言，乐于钟鼓琴瑟"。英国著名哲学家和法学家边沁也提出过"善言必然带来善行"的观点。作为管理者，如果能恰到好处地赞美下属，不仅能让员工感到被肯定与尊重，更能激发他们积极向善、不断提高自己。

每个人都渴望成为重要人物，都期待得到他人的赞赏和认可。赞美作为一种强大且神奇的力量，能够让人们积极向上，点燃对工作的热情。

赞美之所以具有如此神奇的魅力，是因为当你向下属表达赞赏时，他们会感到自己的主动性和积极性得到了肯定，从而更有动力继续努力。即使是以鼓励为目的，不同的表达方式也会带来截然不同的效果。所以，当你想要激励下属时，最好不要总是以管理者的身份去批评他们。你应该细心观察他们的工作表现，一旦发现值得称赞的地方，就及时表达赞赏。这样做不仅可以激发下属的工作热情，还能让你收获信赖和业绩回报。

身为管理者，你或许已经深刻认识到赞美的重要性，并努力在实际工作中向员工表达赞美。但你是否真正掌握了赞美的精髓呢？赞美并不是万能的，也并不一定总是有效的。它有自己特定的适用范围和原则，如果运用不当，可能会适得其反，产生与期望相反的效果。

以下是关于赞美的关键原则，可以让你更好地掌握并运用这一激励手段。

（1）赞美要公平公正

管理者对下属的赞美，本质上是一种奖赏，就和分配蛋糕一样，必须公平公正。然而，有些管理者却总是带着个人情感和偏见，过度赞美自己偏爱的下属，冷落自己不喜欢的下属，即便他取得了显著的成绩。更有甚者，还会将团队共同努力的成果归于自己或某个特定下属，这种行为会引起其他员工的不满，进一步加剧团队内部的矛盾。

（2）赞美要及时

每个人在完成一项任务后，都渴望及时了解它的价值。若能及时得到肯定，任何人都会感到喜悦和满足，从而促使他们重复这种行为。资深管理专家提出了"一分钟赞美法"，实施效果十分显著。如果领导者无视优秀的人和事，认为是理所应当的而不给予任何反馈，那么这些积极的行为就会逐渐消失。

因为员工会认为不管自己努力与否，结果都一样。

（3）赞美要如实

尽管善意的话语能促使人做出善良的行为，但这种话不能随便乱说。在公共场合赞扬员工时，要实事求是，有多少成绩就说多少，不应随意夸大或美化事实。如果把一分的成绩夸大为十分，这样的赞美不仅不会产生积极的效果，反而会带来负面影响。

首先，过度的赞美会让被称赞者盲目自满，忽视自己的不足。其次，这种做法可能会引起其他员工的逆反心理。因为人们崇敬的是真实的楷模，而不是被人为拔高的典型。对于名不副实的榜样，大家会感到不满，甚至反感。最后，这种夸大其词的赞美还可能会助长员工追求虚名、忽视实际的风气。

（4）赞美要具体

赞美必须言之有物，充满细节与情感，反映出对被赞美者付出心血的深刻洞察，这样才能真正鼓舞到被赞美者，也更能点燃其他员工的工作热情。比如，与其泛泛地赞美某位下属能力出众，不如具体指出他在某个任务中的出色表现。对于才华横溢的下属，领导如果只是空洞地称赞他知识渊博、专业过硬，远不如具体描述在某个项目中，他的建议和主张如何有效解决了问题。

（5）赞美要真诚

人类天生喜欢真实、厌恶虚假，只有真诚的事物才能得到人们的认可。赞美也不例外，只有当管理者以真挚的态度去赞美时，员工才会乐于接受。所以管理者应该从内心深处对员工的成绩和优点感到高兴，用积极的语气表达赞美，并期望他们能够继续发扬这些优点和成绩，取得更大的进步。

（6）赞美要灵活

赞美是否有效，主要看它有没有满足人们的心理需求，以及是否贴合个体的性格特征。因此，赞美必须因人、因时、因地而异，方法应该灵活多变，避免刻板单一。赞美别人时，要采用对对方来说价值最大的方式。同时，针对不同的人，赞美方式也应该不同，要考虑员工的性格特点。比如，夸赞年轻人，语气可略带夸奖的意味，并寄予勉励和期望；夸赞德高望重的长者，语气应充满敬意；夸赞思维敏捷的人，应抓住要点，言简意赅，有时稍加暗示即可；夸赞疑心重的人，则应明确表达，避免产生误解。

（7）赞美要适度

赞美要适度，这意味着领导者在赞美时，需要把握好赞美的人数和次数，以及设置合理的赞美标准。

首先，关于赞美多少人，管理者要谨慎选择。赞美的对象过少，可能会让受到赞美的人感到自己与众不同，甚至产生孤立感；而其他人则可能觉得赞美和自己无关，从而失去了工作的积极性。赞美的对象过多，这种普遍的赞美又可能会让人产生"无论做得好还是不好，都会得到同样赞扬"的感觉，使公司内部出现"一团和气，但缺乏实际区分"的局面。所以，领导者在赞美员工时，需要确保人数适中，既要给予应得的认可，又要避免泛化。

其次，赞美所依据的标准也需要恰当，既不能过高也不能过低。标准设置得过高，可能会让人觉得遥不可及，产生畏惧感，进而失去追求赞美的动力；标准设置得过低，又可能会让人觉得过于容易，缺乏挑战性，同样无法有效激发员工的积极性。

再次，管理者在特定时间内对同一名员工的赞美次数也要掌握得当。实践表明，若在短时间内对同一名员工频繁赞美，激励效果会逐渐减弱。所以，赞美不应轻易、随意地给予。社会心理学家阿伦森的"人际吸引水平变化规律"揭示，我们更偏爱那些赞美逐渐增多的人，而非始终一味赞美或起初贬低后逐渐转为赞美的人。因此，管理者在赞美员工时，应注重适度与变化，以便更有效地激发员工的积极性和动力。

最后，赞美的频率也可以根据下属的进步速度来调整。如果下属进步迅速，表现尤为突出，那么赞美的次数就可以相应增加；反之，如果进步缓慢，表现平平，赞美的次数就应该适当减少。这样的调整方式，更能确保赞美的有效性和针对性。

6.用行动制造感动，正向激励要做到位

管理之道，首在得人；

得人之道，首在得心。

士为知己者死，感动之心，可托重任。

管理者应做到：

身先士卒，身体力行，以行为感动员工；

以身作则，勇于承担责任，以责任意识感动员工；

尊重员工、了解需求，做到以人为本；

注重细节、体贴入微，从细节上制造感动。

只要你看过传统戏曲，就一定知道"红脸"和"白脸"。这两个角色不是简单地脸谱化，而是通过唱功来展现的。这里的"唱"也不单纯指唱腔，而是包含面部表情与语言的综合表

现。红脸与白脸戏曲演员在唱词与语调上均有所不同，白脸角色一登台，便营造出或冷酷或奸诈的气氛；而红脸一般会表现出正义凛然、亲和温润的气质。在实际运用中，红脸与白脸的行动同样可以传达出这两种角色的特质。

谈及用行动来打动下属，三顾茅庐无疑是一个备受赞誉的范例。

东汉末年，尚不得志的刘备听闻诸葛亮才华横溢，谋略过人，便渴望请他来辅佐自己。于是，刘备与关羽、张飞一同前往诸葛亮的住处，希望他能出山相助。然而，当他们到达时，却得知诸葛亮已经外出了，三人只好遗憾而归。

不久之后，刘备再次与关羽、张飞去请诸葛亮，遗憾的是，诸葛亮依然没在家。刘备留下了一封信，信中表达了对诸葛亮的钦佩与尊敬，并希望他能与自己并肩作战，共创大业。

数日过去，刘备没有收到诸葛亮的回音，于是决定第三次登门拜访。这次，诸葛亮虽然在家，却正在午睡。刘备不愿打扰，便在门外静静等待。直到诸葛亮醒来，两人才开始交谈。诸葛亮被刘备的诚意深深地打动，最终他决定出山，全力辅佐刘备。

在三顾茅庐的故事中，刘备用自己的诚意成功打动了诸葛亮，他唱的就是红脸。用实际行动邀请诸葛亮出山，比单纯的口头邀请更为有效。如果刘备没有三顾茅庐，而只是在口头上许以官位和金钱，诸葛亮恐怕不会出山相助。

好的方法一定是古今通用的。在现代管理学中，用自己的行动来感动下属依然行之有效。一个企业的兴衰成败，往往取决于员工对公司是否有强烈的责任感和归属感。这种责任感和归属感肯定不是员工刚入职就自然有的，是需要通过时间和经历逐渐培养起来的。所以，企业的管理者要注重培养员工的责任感和归属感。正如俗语所说："管理之道，首在得人；得人之道，首在得心。"作为管理者，如果能管住员工的心，公司的凝聚力和向心力自然会极大增强。那么，当代管理者怎么做才能管住员工的心呢？红脸策略不妨一试。

蒋涛是某公司销售部经理，他在管理下属方面有着独到的见解和方法，尤其擅长用行动来触动员工的心灵。蒋涛深信，每位员工都有自我驱动力和自觉性，过度的批评一般很难得到明显的效果。因此，当员工在工作中做出成绩时，他总会在第一时间给予肯定和奖励，激发他们的工作热情。当员工遇到困难时，蒋涛也会拼尽全力为员工提供支持和帮助。

有一次，蒋涛得知下属王辉的母亲要来北京看孩子。而王辉住的是集体宿舍，母亲过来就没有地方住了，只能出去租房，这样就会增加王辉的日常开销。得知此事后，蒋涛把王辉叫到办公室，自己拿出 5000 元递给王辉，并告诉他这是提前预支的业务提成，希望他不会因为个人问题而影响到工作。

在蒋涛看来，行动的力量远胜于言语。有时候，千言万语也抵不上一个实实在在的行动。所以当下属需要帮助时，蒋涛不会说什么客套话，而是直接用行动帮下属解决问题。虽然蒋涛不怎么会说话，但王辉已经被领导的行为深深地打动。

有一个企业，职工队伍完全由男士组成，其中多数还是未婚的单身汉。这些职工对待工作十分认真，在他们的努力下，企业的业绩也蒸蒸日上。不过，由于他们全身心投入工作，根本没有时间去解决自己的个人问题，所以许多人到目前都是单身。

企业的领导对这个问题十分关注，于是经常和其他单位举办联谊活动，希望通过这样的社交平台，帮助职工们找到合适的伴侣，解决个人问题。

通过上述案例，我们可以得出一个结论：作为一名管理者，要想真正打动下属的心，就必须站在下属的角度思考问题，急他们所急，解决他们面临的实际困难。只有这样，下属才会对你心怀感激，从而更加努力工作来回报你。

在管理员工的过程中，一次口头上的赞美，只能让员工感到愉悦，甚至谈不上什么感动；而在实际行动上给予下属奖励或帮助，却能让下属铭记于心，甚至终生难忘。所以，想要激励员工，管理者不能单纯只靠口头表达，用实际行动去打动对方会更有效。

7.既能善用人之长，又要善用人之短

巨匠手中无废料。

高明的管理者既能用人之长，也能短中见长,善用其短。

没有静止不变的长，也没有一成不变的短。

在特定的情况下，长可以变短，短可以变长。

智者取其谋，愚者取其力，勇者取其威，怯者取其慎，

智、愚、勇、怯兼而用之，故良将无弃才，明主无弃士。

老子《道德经》有云："水不凝不滞，能静能动，能急能缓，能柔能刚，能显能潜。"意思就是说人应效法"水"的品性，灵活变通。在管理中，领导者应该根据每个员工的特性制订策略，发挥个人优势，让每个人的潜能最大化开发。老子在用人方面讲究"常善救人，故无弃人"。他的意思是，看人不

能只看到人的短处，更应该看到长处，利用优势，规避不足，把每个人放在合适的位置发挥其最大价值。这是真正的"大仁"与"大爱"，每个人其实都是可用之才，只是有时人才没有被放在对的位置。

庄子认为，大树弯曲了，尽管体形高大，但由于形状奇特，既不能绳墨取直，也不能用圆规和角尺来取材。所以即便它们生长在路边，木匠们也会视而不见。难道这样的树就真的毫无价值吗？庄子是这样回答的："我们现在有这样一棵大树，用不着担心它没有用，可以将它栽种在空旷无垠的原野上，我们可以在树旁悠然漫步，也可以悠闲地躺在树下。这样，大树的存在本身就是一种价值啊。"

由此可见，树木的弯曲与不规则不足以成为它无用的原因，只是没有把它放对位置而已。一棵弯曲的树虽然无法用于制作梁或椽子，却可以成为人们休憩与乘凉的佳所。同理，在一个团队中，将人才安排到适合的岗位，不仅能稳定团队的组成结构，还能深度挖掘并发挥人才的潜能。

一位管理者在分享他的用人智慧时提到：他让那些喜欢挑剔细节的人负责产品质量管理，让谨慎小心的人担任安全生产监督员，让善于计算、精打细算的人负责财务管理，让喜欢搜集与传播消息的人作为信息员，让性格急躁、喜欢搞竞争的人担任突击队长……这样的安排把公司内部潜在的消极因素全都消除了，使每位员工都能发挥自己的长处，共同推动公司的效益提升。

诚然，管理者不仅要能"用人之长"，还要能"用人之短"，操作起来很有难度。以美国柯达公司为例，这家公司曾经风光无限。在生产照相感光材料时，面临着一个棘手的问题：由于需要在完全无光的暗室中操作，所以培训一名能熟练操作的工人需要耗费大量时间与精力。后来公司意外发现，盲人能在黑暗中行动自如，稍加培训后，他们的工作精细度甚至超过了正常人。这一发现让柯达公司看到了新的可能，于是开始大量招募盲人，专门制作感光材料。

某涂料公司为员工做了性格测评，但在安排工作时，没有像常规公司按照性格优势安排工作，而是根据每个人的短处来分配岗位。例如，让善于挑剔、追求完美的人担任质检员，让好胜心强的人负责生产，让爱出风头的人做市场公关。这种用人策略，不仅将员工的短处转化成了工作中的优势，还让公司整体运营更加高效。

一个人的短处有时是致命的，仅仅只是容忍，不采取措施处理，可能会成为工作中的隐患。最高明的做法就是有效利用短处。这样不仅能规避其潜在的危害，还能让每个人在工作中发挥自己的长处，实现真正的人尽其才。

对于大多数管理者来说，能做到"用人之短"，比登天还要难。退而求其次，我们至少要学会"容人之短"。如果一个管理者只盯着他人的短处，对员工苛刻，不能用人之长，这样的管理者根本无法得到员工的尊重和爱戴。正如唐代杰出文学家韩愈在《原毁》中所言："古之君子，其责己也重以周，其待人也轻以约。重以周，故不怠；轻以约，故人乐为善。……今之君子则不然，……其于人也，曰：'彼虽能是，其人不足称也；彼虽善是，其用不足称也。'举其一，不计其十；究其旧，不图其新；恐恐然惟惧其人之有闻也。……吾未见其尊己也。"古代的贤能之士严于律己，宽以待人，所以他人更愿意行善、积极进取。

但是现在的情况变了，很多人都喜欢这样说："这个人虽然这方面能力强，但品性不佳；那个人虽然擅长做什么，但价值比较低。"无论这个人有多少优点，他们都视而不见，只盯着一个缺点看；他们只追究他人的过去，而不看现在的表现。时刻提防着，生怕别人名声好了，实在是过于苛刻了！

因此管理者一定要铭记：人无完人，只盯着缺点看，那天下将无可用之人。你真正需要的人一定不是没有任何缺点的，而是具备独特优势的人才。只要能巧妙运用，你会发现每一位员工都是"宝藏"。

8.员工犯了错，别着急纠错

不允许员工犯错的老板，不是好老板。

不要当员工的纠错老师，要让员工自己认识到错误。

不指责，就是最好的批评。

请注意批评不是责备，不是为了证明他错了，而是为了让他对。

三明治批评法：先给甜面包（肯定下属努力），再给肉（委婉指错），最后给甜面包（改进意见）。

古罗马作家格利乌斯曾言："错误纠正不当，比猛烈的谩骂更令人愤怒。因为谩骂多被看成偏见和敌意，而纠正不当更像是在对方伤口上撒盐，比偏见和敌意更可怕。"

所以，当员工出现错误时，切勿急躁，可以秉持共情之心，审慎处理。既要确保问题得到妥善解决，又要避免处理不当引发矛盾。我们的目标是让员工心悦诚服地认识到错误，并主动改正，而非让他们反感与抵触。如果你实在不知道怎么处理，可以尝试一下"延期处理"，给双方更多的思考空间。

卡耐基曾用"延期处理"，成功引导侄女约瑟芬改正错误，看完这一事例，也许你会有所启发。

约瑟芬·卡耐基刚刚从中学毕业不久，就成了卡耐基在纽约的秘书，所以基本没有任何工作经验。

某日，因为约瑟芬的疏忽，卡耐基本来想严厉批评她。然而，在即将开口的那一刻，他突然停了下来："等等，戴尔·卡耐基。你比约瑟芬年长两倍，工作经验更是多出万倍。你怎么能期望她和你的观念、判断力和行动力都一致呢？尽管你认为这并不是什么难事。再给她一些时间吧，戴尔。回想一下你 19 岁的时候，是不是也犯过许多幼稚的错误呢？"

冷静思考后，卡耐基意识到约瑟芬在工作中也并非毫无亮点，也有值得肯定的地方。所以他决定暂时放下批评的念头，给约瑟芬更多的时间和空间去自我反省和成长。等想好了，再以合适的方式指出她的错误会更为稳妥。

此后，每当卡耐基想要提醒约瑟芬时，他都会先克制自己，然后再指出约瑟芬的问题，而且措辞谨慎、分寸得当，让约瑟芬感受到卡耐基并非过分纠结于她过去的错误，而是在真心关注她的成长。所以约瑟芬对卡耐基的建议总是欣然接受，并主动修正自己。

卡耐基认为，如果当约瑟芬刚犯错时，就马上指出她的问题，很可能会让约瑟芬认为是自己在挑刺，从而听不进任何建议。不妨先把错误暂时搁置，等对方已经认识到自己的错误，并心生愧疚时，再适时提出，对方会更乐意接受并主动改正。

卡耐基这种"延期处理"错误的策略，成效显著。在卡耐基的精心指导下，约瑟芬不仅弥补了不足，还成长为卡耐基眼中"西方国家最出色的秘书之一"。

看完这个故事，你是不是也学到了如何面对员工犯错呢？工作的确需要确保一定的质量，并尽力避免错误，力求首次即完美完成。所以很多领导者不能容忍员工的错误，并且恨不得立即指出问题。实际上，宽恕员工的失误或在批评、指正之前先将错误"晾一晾"，并不意味着我们降低了对员工工作的标准。这两者并不矛盾，而是能够相互补充、相得益彰。

玫琳凯在《谈人的管理》一书中强调：不应过分关注批评错误的及时性，而应关注如何让犯错者自我反思。她提倡在错误发生后，先让犯错误的人自己思考一段时间，待其自我反省后，只需要温和提醒对方，就能自行改正了。而她本人也确实是这样做的，不管员工犯了多大的错误，她都会先让对方自己思考，等时机成熟后再指出对方的错误，从而让对方更容易接受并做出改变。

如果你在员工刚犯错时就指出员工的错误，他们通常不会接受，甚至会反驳。因为他们自己还没有意识到自己错了，也害怕被责备。但是当他们自己逐渐意识到自己的错误时，你稍加指正，他们就能轻松接受并迅速改正，也不用你投入过多的精力进行指导。

9.员工"有情绪"，教你4招来化解

体察员工的情绪，就是管理的一部分。

管理者要明察秋毫，及时发现员工的情绪。

员工有情绪，不要强行讲道理。

泄洪排沙，让下属先宣泄负面情绪。

用"照镜子法"复制对方感受，理解员工。

深入了解员工给员工开正确的"药"。

高明的管理者，不仅要能带领员工完成工作，还要能管理好他们的情绪。

其实很多团队表面看起来很平静，实际上暗流涌动，隐藏着很多问题。其中传播得最快的不是正能量，而是消极、懒散和不开心的情绪。一不小心，其他员工也可能会被这些负面情绪传染，影响工作进度。还会破坏同事之间的关系，让整个团队的表现变差。

比如，同一个岗位的员工薪资待遇不一样，待遇差的人就会觉得不公平，从而心生不满。甚至团队之间、不同岗位之间，晋升、奖惩，工作时间长短等方面的比较，都可能会给员工带来消极情绪。员工之间关系不好，工作时就会感到不自在，甚至想逃离工作环境，这样他们的工作积极性就会大大降低。

另外，和朋友吵架，担心子女等私事，都有可能让员工带着坏情绪来上班，影响整个团队的气氛。作为管理者，如果对员工传播负面情绪视而不见，整个团队都可能会被负面情绪笼罩。

在面对有负面情绪的员工时，管理者经常会陷入以下三种误区：

第一种，不理会。认为员工的负面情绪是员工个人问题，和公司没有关系，员工要自己调整，作为公司的管理者，没有义务去管。

第二种，训斥。告诉员工要管理好自己的情绪，如果带着负面情绪来工作，可能并不适合继续留在公司。

第三种，说教式讲道理。长篇大论地给员工分析事情的前因后果，让员工感到疲劳和困惑，难以抓住重点，这是效果最差的方法。

毋庸置疑，管理好员工的情绪，管理者自己先要控制好自己的情绪，然后再站在员工的角度，用他们能理解和接受的方式去分析，才能触动他们的内心，让他们感受到你的关心和能量。而上面所说的三种方式，最大的问题就是没有在乎员工的感受，也就是没有共情员工。

那么，面对员工的负面情绪，作为管理者，具体应该怎么做呢？可以试试"共情四步情绪处理法"：

（1）接受

在与员工交流时，我们要真诚地表达关心和爱护，同时要想办法将员工的注意力从负面情绪转移到实际问题上来，以便更好地解决问题。例如，对员工说："我注意到你最近情绪不太好，想和我聊聊吗？"或者说："我之前感觉你情绪不太对，你现在感觉怎么样？"

但要注意一点，去"共情"员工，而不是"同情"，一字之差，意思完全不同。虽然两者都可以让员工感受到被关心和爱，但同情更多是怜悯，而共情是与他人心灵相通，深入体会对方的情感世界，甚至把自己想象成那个人会有什么感受。同情员工，两个人的地位仍不平等。管理者一般不会有所察觉，但对于被同情的员工来说，会明显感觉到自己是被领导可怜的对象，从而无法感受到被尊重和产生真正的共鸣。

同样，共情也不等于批判。比如，"到底发生什么事情了，值得你这么生气啊？""再怎么样，你也不能在工作场合发脾气。""你到底怎么了啊？""你老是这样，我真的没法和你沟通。"这些都是不接受对方情绪的表现。

想要消除员工的负面情绪，第一步就是要理解和接受他们的情绪。不能对员工的情绪视而不见，因为情绪才是员工内心想法的外在表现，出现了消极情绪，一定是出现了问题。先做到理解和接受他们的情绪，才能进一步帮他们解决问题。

（2）分享

切不可一上来就"谈心"。比如直接问："到底发生什么事情了，让你情绪这么大？"这样做会让员工再次想起引发自己情绪的人或事情，他们的负面情绪就会被引燃。

所以，在和员工沟通时，先"谈感受"，再说事情。先让员工把负面情绪发泄出来，后去弄清事情的前因后果。即便员工自己想先说事情，你也不能让他继续说，而是要引导他把自己的情绪表达出来。当情绪非常糟糕时，说再多事情的细节也不能把负面情绪消解，甚至还会让情绪更加激动。

让员工表达情绪，目的是帮助员工找到他们内心的情绪。很多人不太了解情绪，当自己有情绪时，也不知道怎么准确描述情绪。所以，很难正确表达内心的感受。如果员工一定要说事情，你可以这样说："原来你是为这些事情不开心啊，可以说说你的感受吗？""哦，怪不得你的反应这么强烈，原来你的感受是这样的啊！"引导员工正视自己的情绪，允许他们表达愤怒、伤心、委屈等。

当员工能把自己的情绪正确表达出来，他们自己处理情绪的能力也会增强。等员工情绪稳定后，我们再开口询问发生了什么事情。比如当员工说"是的，我很气愤"或者"是的，我真的很伤心"等，说明他们已经能正视自己的负面情绪了，此时再去帮他们消解情绪，事半功倍。

（3）肯定

对员工情绪背后的深层原因，或者情绪中可以被理解的部分，要积极表达肯定。如果你不去表达，员工就会以为你没有感受到，就会自己生闷气。

比如，"其他销售员报价太低了，你觉得很愤怒。我非常理解你的感受，你是为了维护公司内部的稳定和秩序，有人违反公司的价格规定，你理应为此感到愤怒。"这就是找到员工情绪背后隐藏的问题，并给予肯定。

再比如，"你觉得自己委屈很正常啊，因为大家只看到自己对这件事的付出，没有看到你也付出了很多。你之所以觉得委屈，是希望自己的努力被大家认可，你的出发点是很好的。"

沟通的目的，其实就是让员工明白，有负面情绪很正常，不是问题，重要的是要能充分表达自己的情绪。所以，你要先肯定对方情绪背后的深层原因。当对方感觉到自己被领导理解后，情绪就会逐渐平复下来。

（4）解决问题

谈到最后，多数领导者会产生这样的想法：有负面情绪再正常不过了，那到底该如何解决问题呢？可以把问题留给你的员工，你可以问他："如果你以后再遇到这样的事情，怎么做才能有一个更好的结果呢？"或者问："如果事情再发生一次，你会选择怎么做让结果更好呢？"

有时候公司负责招聘的管理者，在面试之后就跑来和我抱怨应聘者"脑子不灵光"，或者员工入职很长时间了还是笨手笨脚。我总是会反问他："是呀，那你告诉他下次该怎么做了吗？"人无完人，没有人会做所有的事情。而作为过来人，管理者如果只是指责他们，却不告诉他们应该如何去做，其实是身为管理者的失职，没有必要去抱怨。不过，你要尽量坐下来平静地跟他们谈他们处理问题的方法的不妥之处，站着讨论很可能让气氛更加紧张，导致无法达到谈话的最终目的。

在管理员工负面情绪时，可以参考以上方法，一般可以有效解决问题。

10.做人不能做绝，要给员工留点面子

留有余地，是管理的顶级智慧。

给人留余地，行不至绝处，言不至极端。

口无遮拦，不是性格耿直；咄咄逼人，不是逆耳忠言。

人与人之间的面子是互相留、互相给的。

管理者给别人留面子，就是给自己留后路；

别人有路可走，你才不会陷入绝境。

中国人最讲究面子，做任何事情都会考虑给对方面子，也

给自己留面子。林语堂曾说过："在中国人看来，不给面子就是最大的无礼。"确实如此，有不少人觉得我们好面子不是什么好现象。但是，换一个角度看，与"面子"相对应的是一个人的自尊心，我们之所以看重面子，是希望得到别人的尊重。所以，不管是职场，还是生活中，与人打交道，要给别人面子，才能给自己留面子。

北宋名将韩琦就是一个在意给别人面子的人。一次，一个文人当众把文书交给了他。然而，韩琦发现文书上有个字写错了。在当时，读书人写文书不能出现任何错别字，否则就会遭到大家的嘲笑。为了照顾对方的面子，韩琦没有当众指出文人的错误，而是故意用长袖遮挡不让别人看见错别字，赶紧签了字交还给了对方。

等文人回到家中，他打开文书发现了错别字，吓得说不出话来。他回忆起之前韩琦的做法，原来是在为自己遮丑，不让自己颜面尽失。因此，这位文人对韩琦感激万分。

用现代人的眼光来看这件事，韩琦绝对可以称得上优秀的企业管理者。作为企业的管理者，给员工留面子，对管理整个企业都是很有帮助的。同理，如果团队中有人说话做事时总是不顾及别人的面子，也会使整个团队的和谐度降低。

丽丽是某公司销售部的主管，她工作认真努力，只有一个问题——性格过于耿直，说话做事从来不会考虑别人的感受，更不明白要给员工留面子。

一次，在公司的年会盛典上，每个部门的领导都要上台演讲，总结自己一年的工作内容。丽丽让自己的下属张红帮自己写一份工作总结。张红写完后交给了丽丽，丽丽不仅没有感谢张红，还指责张红："你大学没学语文吗？一个简单的工作汇报都写不好！这么多句子不通顺！"张红不好意思地说："抱歉啊，确实有点不太通顺，我写的时候没有注意到。"

没想到丽丽又当着众人的面对张红大喊："你真是猪脑子啊！这么低级的错误都犯……"张红听完瞬间火冒三丈，开始和丽丽争论："这个工作总结应该是你自己写。我帮你把事情做了，你一句感谢的话都没有，还对我破口大骂，侮辱我的人格……"

这件事很快就传到了总经理那。总经理批评丽丽说："身为管理者，一定要注意给下属留面子，说话要看场合，掌握分寸。当众指出别人的错误太不应该了。如果你觉得哪个下属在工作中出现了问题，别当众指责，可以单独私下解决。"接着，总经理继续说："你再看看你有几个下属？几个人和你关系不错？不是说你为人不行，是你总是不给下属面子。"

听了总经理的话，丽丽才意识到，因为自己不懂如何给下属面子，把下属都得罪了。

其实，像丽丽这样的管理者有很多，说话不经过大脑，完全不考虑别人的面子。他们没有意识到，言语有时也是一把锋利的刀，会刺伤他人。

因为面子的问题，可能会导致关系破裂，甚至还会闹出人命。比如，有些管理者比较自以为是，在发现下属犯错时，就会直接当众批评，让对方颜面尽失。这种做法不仅不能提升管理者的威信，反而可能会埋下隐患。而那些深谙人情世故的管理者，他们知道在公众场合要避免批评下属，即使下属犯错，也会私下沟通，维护对方的尊严。

作为一名管理者，如果能巧妙地为下属保留面子，不仅能激发下属的工作热情，使他们更加努力地投入工作，还能提升自己的领导力，让下属更加敬畏自己。

那么，管理者应该怎么做才能给下属留面子呢？可以考虑从以下几点出发：

（1）放权的同时给下属面子

领导学专家认为，如果管理者能把职责、权力和责任下放给下属，特别是在关键时刻能委以重任，这将使下属感到自己被信任与重视，从而产生强烈的成就感和满足感，以更好的心态面对工作。从另一角度讲，下放权力和责任，也可以增强下属的责任感，并提高他的工作能力。

需要强调一点，管理者想要重用下属，需要对下属有一个全面的了解，清楚他的优势与劣势，并且要对他加强培养。

（2）在推介中给下属面子

不想当将军的士兵不是好士兵。其实，几乎所有员工都具有比较强的上进心，希望领导能看到自己的优点，从而得到领导的重用。所以，高明的管理者为了让下属明白你对他是非常认可的，往往会在公众场合——特别是有重要人物在场时——对下属的长处进行表扬。这样做，可以让员工感受到自己对于公司的重要性，也会对领导的表扬感恩戴德。

想要恰当地推荐下属，前提在于管理者能敏锐地察觉并认可下属的长处。并且要摒弃私心，不应担忧下属的出色表现会掩盖自己的光芒。"强将手下无弱兵"，你的下属优秀，从侧面也能说明你是一位知人善任的领导。所以，推介自己的下属，无须担心自己的领导地位会受到威胁。

（3）在尊重、关怀过程中给下属面子

其实，"人要脸，树要皮"，只要是一个人，就会想要得到别人的尊重。作为企业的管理者，要想让下属积极去工作，首先就要做到尊重下属，让下属感觉到你在照顾他的面子。

比如，在日常工作中，我们可以公开谈论下属的长处，短

处非必要时就不要说。特别是在下属的下属面前，就算他犯了错误，也不能直接当众批评，要等下属的下属离开后，再指出错误。此外，当下属被别人误解时，作为他的上级，不能因为担心惹祸上身而置之不理，要敢于出面替下属说话，并主动澄清事实，消除误解。当下属陷入尴尬的境地时，作为上级，要善于打圆场，为下属化解尴尬。

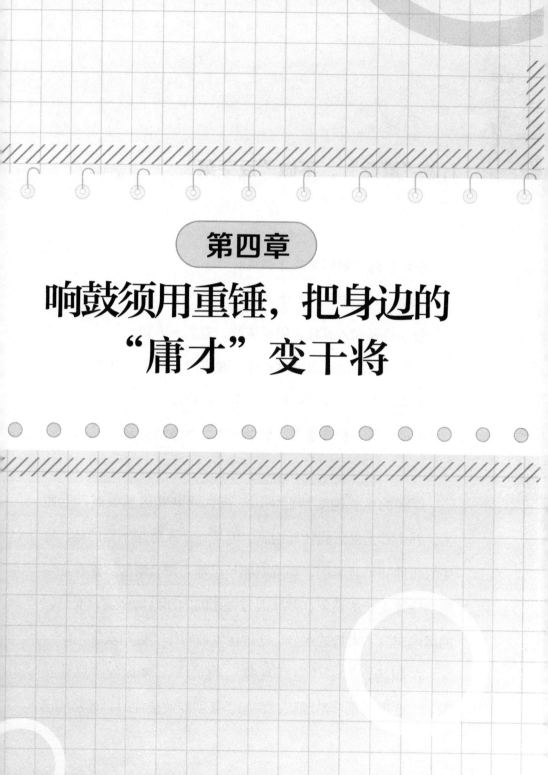

第四章

响鼓须用重锤，把身边的"庸才"变干将

1.做"蘑菇",不做"豆芽菜"

职场蘑菇，初出茅庐之必经。

砥砺成长，方显英雄之本色。

管理者要知人善任，因材施教，避免一刀切。

给予员工挑战，须适度把控，激发潜能而不挫其志。

明眸识英才，及时鼓励，助员工自信成长。

耐心引导，逐步增责，稳中求进，忌急功近利。

豆芽的生长速度特别快，一夜之间就能迅速拔高六七厘米，外表看上去既强壮又饱满。但是，令人意想不到的是，豆芽的质地却十分脆弱，稍微施加一点外力便会断裂。这种在短期内快速生长的现象，并非因为豆芽的内部结构坚实，而是它的体内充满了大量的水分。这种现象被叫作"豆芽现象"。

在职场，有着"豆芽现象"的员工，被称为"豆芽员工"。这类员工非常聪明，在初学某项专业技能时，通常能迅速掌握表面的"形式"。但学得快不等于学会了，他们会产生"已经学会"的错觉，便开始转向其他领域，同样也只掌握了表面的"皮毛"就会再次转场。从表面看来，好像涉猎广泛。但实际上，他们只掌握了这个行业的一些基础知识，真正运用时却显得力不从心。

李默研究生毕业后，满怀壮志地加入了一家大公司，原本期望能够在这里施展自己的才华。然而，一年过去了，他除了处理一些日常杂务，如接电话、开会和收发传真外，根本就得不到任何机会施展才能。这样的处境，让他觉得和自己成为职业经理人的理想相去甚远，他总感觉怀才不遇。

在李默看来，部门里的同事们基本是本科毕业，无论是在学历还是才华上，都不能和自己相提并论。急于展现自己才能的李默，多次主动向老板请缨承担任务。老板一眼就看穿了他，于是交给他一项重任，去开拓西部市场。表面上看是领导器重他，实际上是想要给李默一个教训。在李默任职的同时，老板暗中安排经验丰富的王经理在一旁观察。

结果不出老板所料，李默根本没有开拓市场的经验，导致在开发过程中屡屡碰壁，不仅没有取得任何进展，反而使他的自信心大受打击。幸运的是，由于王经理的及时介入，顺利展开了工作，使西部市场开发工作得以顺利进行。

经过这次挫折，李默深刻认识到了自己在能力上的欠缺，终于肯踏实下来，虚心向身边的老同事和上司学习，努力提升自己。

李默的例子，实际上正是职场中常见的"豆芽现象"。成功并不能一蹴而就，而是需要长时间的积累和扎实的根基。只有经过岁月的磨砺和不断的学习，能力才会越来越强，在职场中经受住各种考验和挑战。

"蘑菇员工"与"豆芽员工"截然不同，他们就像是被放置在阴暗角落的蘑菇，身处不被重视的部门或从事着琐碎的工作。他们经常被批评、指责，只能依靠自己的力量努力生长，最终成长和崛起。

其实，很多职场人士都曾有过一段"蘑菇"般的经历，但这可能也是好事。成为"蘑菇"意味着能够认清自己的不足，让我们尽快成长和进步。

卡莉·费奥丽娜毕业于斯坦福大学法学院，但是她的职业生涯起点很低，是地产经纪公司的接线员。日常工作包括接听电话、打字、复印以及整理文件，这些看似与她的学历背景相去甚远的工作，却并未让她感到沮丧。尽管她的亲友都支持她的选择，但外界普遍认为这并不是一个斯坦福毕业生应有的职业定位。

卡莉·费奥丽娜却毫无怨言，在基础工作中，她也要积极学习，不断提升自己。一次偶然的机会，她得到了一次撰写文稿的机会，并以出色的表现赢得了大家的认可。正是这次经历，成为她职业生涯的转折点，从此她越来越受到重视，展现自我的机会也越来越多，最终崭露头角。

这位卡莉·费奥丽娜，就是惠普公司的前 CEO，被全球公认为杰出的女性领导人，也被誉为世界第一女 CEO。

无论能力有多大、才华有多高，初涉职场时，你都需要从最基础的工作开始做起。这种做"蘑菇"的经历，对于正在成长的年轻人而言，就如同蚕茧一般，是羽化蜕变前不可或缺的一步。所以如何高效地度过这一阶段，从中汲取更多经验，迅速成长起来，是每一个初入社会的年轻人必须认真思考的问题。

对于管理者来说，实行蘑菇管理大有益处。尤其对那些初入职场的年轻人，备尝艰辛并非坏事。他们不应怀揣过高的期望，而应坦然接受成为"蘑菇"的时期，因为这样的经历能消除不切实际的幻想，让他们不再好高骛远，而是脚踏实地去工作。这一过程，就像是蝴蝶破茧而出前的蛰伏，只有经受住这些考验，年轻人才能最终蜕变为蝴蝶，展翅高飞。

所以，如果正处于"蘑菇"阶段，应该抱着平和的心态，多付诸行动，少些无谓的抱怨，从失败中获取经验，为自己的成长积累养分。即使暂时无法摘到大稻穗，也不要空手而归，可以选择摘小稻穗，耐心等待时机成熟。

确实，如果长时间扮演"蘑菇"角色，别人可能会质疑你的能力，自己也可能会逐渐接受这一身份。因此，在初创团队中，展现个人才能尤为重要。你要积极参与会议并发表见解，主动展现自己的成果，坦然应对各种变化，勇于冒险尝试，不要去接手那些超过能力的任务，并要及时向上级汇报，这些都可能会让你脱颖而出。

作为初创团队的管理者，在运用蘑菇管理定律的过程中，需要密切关注新员工的成长轨迹。为他们创造更多的实践培训机会，让他们能够在实践中不断学习和进步。一旦发现有新员工表现出色，你应该及时提拔和给予认可，激发他们的工作热情和积极性。

同时，管理者还需要注意不要给新员工过大的压力，避免他们因无法承受而丧失信心。在平衡"蘑菇期"的历练过程中，管理者一定要把握好分寸，不能让新员工在"蘑菇期"中过度停留，更不能长期忽视他们的需求和进步。应该给予他们指导和帮助，促使他们迅速成熟起来，成功跨越"蘑菇期"。

2. "批评" 要有目的性，以理服人

批评的本质不是驯服，而是指出问题并督促改正。

不要带感情色彩，尤其是嘲讽和泄愤。

无目的的批评，就会变成指桑骂槐、人身攻击。

批评要对事不对人，才能对症下药，解决问题。

批评应先肯定优点，再批评不足。

因为良药不必苦口，批评的忠言也可做到"顺耳"。

批评，作为一种教育方法，其实质是爱的深刻体现。持续的批评与自我批评能够激发人的潜能，推动自我不断向前迈进。

孔子的弟子宰予曾经喜欢在白天打瞌睡，对此，孔子毫不留情地批评他"如同朽木难以雕琢"。后来，宰予成了孔子的得意门生。如果孔子没有对学生严格要求，适时批评，可能难以培养出人才。他的每一次提点，其实都蕴含着对学生无限的

关爱。

日本作家川澄佑胜在《被骂的幸福》一书中描述过这样一件事：

一位修行者，他生活在森林深处，内心纯净无比，对修行充满虔诚。他的日常就是在参天大树下静静地思考、冥想和打坐。有一天，他在打坐时感到有些困倦，便起身在森林中漫步。他漫无目的地走着，不知不觉间来到了一个莲花池边。眼前的景象令他惊艳——满池的莲花正竞相绽放，它们的美丽无法用言语形容。一阵清风拂过，带来了阵阵莲花的香气，那香气沁人心脾，让人心生欢喜。

这位修行人看着眼前的莲花，心中涌起了一个念头：如果我能摘下一朵莲花，随身携带，那我就能每天都闻到这芬芳的气味了，我的精神一定会好很多啊！

于是，他小心翼翼地摘取了一朵。就在他准备离开之际，一个低沉的声音突然响起："何人胆敢窃取我的莲花？"

修行人四下张望，却并未发现任何人的身影。他只好对着空旷的空气问道："何方神圣？这莲花怎么就是你的呢？"

"我是莲花池神，这池子里的每一朵莲花都归我所有。你虽身为修行人，却动了贪念，偷摘了我的莲花。更为可气的是，你不仅不反省自己的错误，还厚颜无耻地问这莲花是不是我的。"空中的声音说。

听到这番话，修行人的内心顿时充满了懊悔和惭愧。他立刻对着虚空深深施一礼，虔诚地忏悔道："莲花池神，我深知自己的过错，从今往后，我必定痛改前非，决不再贪取任何不属于我的东西。"

正当修行人深感惭愧并诚心忏悔之际，一位路人走到了莲花池边。他的目光落在那些盛开的莲花上，自言自语道："这些莲花真是美极了，我要摘了去山下卖个好价钱，看看能不能把昨天赌博输掉的钱赢回来。"说罢，他毫不犹豫地跳进莲花池，肆意践踏，将满池的莲花采摘殆尽。那些原本翠绿的莲叶也被他踩得破烂不堪，池底的污泥更是被搅得翻腾起来。最后，他怀抱着满手的莲花，心满意足地离去，只留下一片狼藉的莲花池。

修行人原本以为莲花池神会现身，对那位肆意采摘莲花的人进行斥责或处罚，然而周围却是一片寂静，没有任何动静。

他心中充满疑惑，忍不住对着虚空问道："莲花池神啊，我只是摘了一朵莲花，你就对我严加斥责。刚刚那个人，他几乎摘走了所有的莲花，将整个莲花池都毁了，你为什么却一言不发呢？"

莲花池神解释道："你身为修行人，心灵本如白布般纯净，稍有污点便显而易见。我实不忍见你因贪恋香气而堕入轮回，长受苦难。因此，我苛责你，是希望你能及时除去心中的污浊，恢复原本的纯净。而那个人，他满身罪恶，心灵已如抹布般污黑，再多的脏污他也不觉。我无法助他，只能任由他自食恶果，所以选择了沉默。"

一位历经风雨的朋友，在酒桌上分享道："回首往昔，十年前，我特别害怕别人的批评；而十年后，我最珍视的却是那难得的批评。"此言不虚，微小的批评能带来进步，而深刻的批评则能带来巨大的成长。

事实上，根本没有人不会犯错。领导在批评员工时，应该让员工感到自己被重视了，所以有正确看待批评的心态至关重要。同时，员工能够坦然接受批评，不仅是成熟和自信的表现，更是积极的成长态度。

从失败中汲取教训，是迈向成功的第一步。以什么心态去面对批评，决定着员工能不能承受住批评，能不能对抗挫折，也会影响团队文化和整体竞争力。如果想培养出出类拔萃的员工，从现在起，就应培养员工接受批评的勇气。

在接管美国通用公司之前，杰夫·伊梅尔特曾差点被杰克·韦尔奇解雇。那是1994年，他担任公司的副总裁兼塑料部门的总经理一职。当时，他面临着巨大的困境，既要应对原材料价格的上涨，又要履行已经签署的合同。面对这样的双重压力，伊梅尔特感到束手无策。那一年，他的部门仅实现了7%的利润增长，远低于设定的20%的增长目标。

在此后的年度领导人会议上，伊梅尔特刻意迟到早退，避免与那位被称为"中子弹杰克"的老板碰面。在会议的最后一天晚上，就在他急匆匆地冲出电梯，准备躲进自己办公室的时候，突然感觉有人轻拍他的肩膀。回头一看，正是韦尔奇本人。

韦尔奇直言不讳地对他说："杰夫，我一直很支持你，但你必须承认，你正在经历公司历史上最艰难的一年。我对你有信心，我相信你能做得更好。但如果你无法扭转局面，我会让你离开。"面对韦尔奇的直言，伊梅尔特坚定地回应道："如果结果不尽如人意，不用你开除我，我会自己主动承担责任，选择离开。"

在此之后，伊梅尔特积极采取措施，一方面严格控制成本，另一方面积极拓展市场，最终取得了骄人的业绩。多年之后，当伊梅尔特回想起这段经历时，仍然感慨万分。他深刻地认识到："商业世界和日常生活一样，好事和坏事并不总是按照人们的预期发生。有时候，好人也会遭遇不幸，而坏人却可能得到好运。当面临问题和挫折时，我们应该正视现实，积极寻求改进之道。"

如果韦尔奇没有批评伊梅尔特，他就不会拥有解决问题的勇气；而伊梅尔特也端正了自己的心态，坦然接受了批评，并努力改进工作，才在后来的事业上取得更大的成功。

在职场中，被上级批评可能是一件好事。我们应该让员工理解，批评他，是因为我们对他寄予厚望，是因为他的工作尚未达到我们的期望。最失败的管理者，就是让员工误以为批评是领导在发泄个人情绪。

因此，在批评下级时，我们应该注意措辞和方式，有效传达我们对员工的期望，而不是在故意挑刺。

领导在批评下级时，应当牢记以下要点：

批评下级时，一定要有确凿依据，就事论事，公正合理。不能轻信流言蜚语或捕风捉影，不考证就批评下级，造成不好的后果。

批评下级时，要考虑个体的差异。针对不同性格和能力的下级，应采取不同的批评方式，让批评更有效。

尽量避免在公共场合进行批评。当众批评非常不明智，下级会感觉自己颜面尽失，这不仅不能帮助他们改正错误，反而会让他们感到自卑，甚至引起反抗。批评最好在私下进行，用温和的方式指出问题，给足下级面子，这样的批评才是有效的。

3. "折腾"出员工的"激情"

高明的领导不会让员工闲着，都会使劲折腾人。

因为温室里永远养不出硬骨头！

没经过折腾的员工，能力都是纸上谈兵。

折腾员工要有魄力，敢于向能人和老人"开刀"。

但折腾不是"瞎折腾"，要识"马力"、识"马性"；

对不同性格的千里马施不同手段，才能"折腾"出骨干。

小草经过风吹雨打，才能茁壮成长；人也只有经得起摔打，能力才能越来越强。这是亘古不变的真理，也是成为出色员工必须跨越的门槛。尽管这条路曲折坎坷，但前途远大。在如今信息爆炸的时代，如果想要在职场上迅速崭露头角、锤炼成材，就必须像一颗坚韧的咖啡豆，历经打磨，才能释放出浓郁的香气。

有一个女孩，她总是和父亲抱怨，生活太不容易了。每当她努力解决了一个问题，另一个问题又接踵而至。复杂的职场人际关系让她感到无所适从，她再也不想继续无休止地挣扎与奋斗，只想放弃。

女孩的父亲是一位在职场上身经百战的厨师，听女儿诉苦后，什么也没说，只是拉起她的手，走进了厨房。他取来三个壶，逐一装满清水，然后放在炉火上慢慢加热。没一会儿，壶中的水就被烧开了。他把几根胡萝卜放进了第一个壶，接着把几个鸡蛋放进了第二个壶，而最后一个壶，他撒入了一些被磨碎的咖啡豆。

女孩站在一旁，焦急地等待，对父亲的行为感到十分困惑。20分钟后，父亲熄灭了炉火，把胡萝卜、鸡蛋分别放进了两个一样的碗里，又将煮好的咖啡倒入杯中。完成这一切后，他转过头来，目光温和地落在女孩身上，轻声问道："孩子，你看到了什么？"女孩微微皱眉，回答道："胡萝卜、鸡蛋和咖啡。"

父亲示意女孩去摸一下胡萝卜，她轻轻一按，惊讶地发现胡萝卜变软了。接着，父亲又让她取来鸡蛋并敲碎外壳。女孩照做，把蛋壳剥开后，看着这个煮熟的鸡蛋，内心充满了好奇。最后，父亲让她喝一口咖啡，女孩轻轻抿了一口，那甘醇的味道在口中弥漫开来，她微笑了起来。

"父亲，这一切究竟是什么意思呢？"女孩谦逊地向父亲请教道。

父亲望着女儿说，这些物品虽然都面临着相同的逆境——煮沸的开水，但它们的反应却截然不同：胡萝卜原本坚硬而有力，经过沸水的洗礼，它变柔软了，稍用力就会碎；鸡蛋原本脆弱易碎，但经过沸水后，它的内部却凝固；而咖啡豆最为独特，它们被放入沸水中后，不仅没有被改变，反而改变了水。

"那么，孩子，你是哪一个呢？"父亲温柔地问道。

实际上，胡萝卜、鸡蛋和咖啡豆，象征员工面对挫折和困境时的三种不同心态。作为管理者，你应该让员工成为那颗"咖啡豆"：即使身处逆境，也能坚韧不拔，战胜困难，坚定不移地完成任务。当面临巨大的压力或消极的情绪时，要能用各种方法来化解压力，驱散负面情绪，不能让自己的消极情绪影响到别人。

"咖啡豆"型的人之所以备受青睐，是因为他们在面对困难和挫折时，不仅能坚守自己的风格和理念，具有极强的韧性。还能凭借自身的实力，将逆境转化为利于自身发展的机会。

无论是生活还是职场，失败与磨难才是常态。当困难来临，是选择勇往直前，还是逃避退缩，直接决定了他能不能成为一名优秀的员工。

实际上，很多管理者都用摔打与折腾去考验优秀员工。正如柳传志先生所言："折腾是检验人才的试金石。"在联想公司，杨元庆和郭为作为接班人，在 10 多年间，他们经历了多次岗位的变动与摔打。正是这样的"折腾"，才让他们最终成了"全才"。

刚刚 30 岁，杨元庆就已经成为联想微机事业部的总经理。当联想遭遇重大挑战时，他毅然肩负起重任，从公司内部挑选 18 名业务精英，组建成一支销售队伍。采用"低成本战略"，成功让联想电脑成为中国市场前三名，为联想的崛起奠定了坚实基础。

但与此同时，杨元庆这位对细节要求极为严格的人，即便在巨大的压力下也不肯妥协，让联想的老一辈创业者感到不适。柳传志当众对他进行了严厉的训斥，这甚至让杨元庆泪流满面。但柳传志在责备后的第二天，给杨元庆写了一封信："你必须努力成长，变得如同火鸡般强壮，这样小鸡才会认可你的地位。而当你变得像火鸡那样庞大，小鸡才会由衷地心服。"

在员工成长的道路上，适度地让他们经历一些折腾、挫折和失败，其实对他们的成长是一种有力的推动。因为只有在不断遭遇挫折却依然能够成长的过程中，员工的韧性和能力才能得到最大程度的锻炼和迸发。

当员工在逆境中感到迷茫和困惑时，我们可以向他们讲述"咖啡豆"如何改变沸水的故事，激励他们成为具有韧性的"咖啡豆"。如果他们能够做到这一点，那么他们的事业必将迎来新的高峰，绽放出更加辉煌的光芒。

很多企业家都喜欢"折腾"员工，那么，这种偏好的背后又隐藏着怎样的原因呢？

（1）可以检验员工的忠诚度与抗压能力

在多次挑战与变动中，那些真心忠于公司，愿意与公司共同成长的员工，会表现出坚定的信念与不屈的精神。而那些在"折腾"中显得力不从心、无法适应的员工，则可能会选择离开公司。这样，企业便能在"折腾"中筛选出真正与公司志同道合的伙伴，共同面对未来的挑战。

（2）"折腾"可以使人尽快进步

让员工在不同的岗位上经历"折腾"，是一种很有效的育才方法。通过频繁轮岗，培养对象能够学习到不同部门的专业知识，实现全方位的成长。

4.偶尔使用激将法，敦促下属完成工作

树怕剥皮，人怕激气。

水激石则鸣，人激志则宏。

"请将不如激将"，给予员工的工作要富有挑战性。

激人者，要因其势而利导之。

最愚蠢的做法，莫过于用嘲讽、污蔑、轻浮的语言激怒员工。

聪明的激将法，是深谙人心之道，精准地触动人心，唤醒沉睡的力量。

身为管理者，在日常工作中，难免会遇到一些下属，他们明明具备完成某项任务的能力，却以各种理由推脱，不愿承担责任。对此，管理者如果能巧妙地运用"激将法"，往往能激发他们的积极性，取得意想不到的效果。

"激将法"实质上是利用一种反向刺激的方式，使对方

在受到挑战时，愿意接受建议，从而达到激励的效果。在某些情况下，由于各种因素，正面鼓励可能没有什么效果。此时，我们可以尝试从反面的角度去刺激对方，甚至直接贬低对方，激发对方内在的巨大潜力。这种方式往往能够触发对方的自尊心和斗志，促使他迎难而上，表现出超越平时的能力。

刘刚是一家上市公司的副董事长，在与同事们闲聊时，提到了自己初中时的一位老师，并深情地表示，如果没有那位老师当年的教诲，自己或许无法达到今天的成就。同事们在心中纷纷猜测，那位老师当年一定说了很多鼓励的话，但答案却令众人意想不到。

刘刚在初中时是个调皮捣蛋的孩子，他不专心学习，还经常和同学们发生冲突，甚至频繁顶撞老师。在师生眼中，他无疑是个难以调教的问题学生，无论是家长还是老师都对他感到束手无策。直到班级调换了一位新班主任，他的学习和生活才发生了转变。某一天，他又一次与其他班的学生发生冲突，还把对方的头打伤了。新班主任对此非常生气，她怒气冲冲地训斥他："刘刚，你真是个无可救药的家伙，这辈子恐怕都难以有所作为。如果你真的能出人头地，那简直是天方夜谭。你就这样浑浑噩噩地过吧，我哪怕剁掉手指头也不会相信你能做出什么有出息的事情来……"

　　班主任老师尖锐的话语，给当时尚显稚嫩的刘刚造成了巨大的冲击。他怎么也没想到，老师和同学们都不看好自己，甚至觉得自己没有前途。这番批评激起了他内心的斗志，他决定与老师打个赌，非要做出一番成就来证明自己，用实际行动来反驳老师的断言。于是，刘刚下定决心摒弃过去的恶习，全身心地投入学习中，再也不和同学发生冲突了。

　　最终，刘刚凭借自己的不懈努力取得了成功。这时，他才深刻体会到老师当年那番话背后的良苦用心。

　　刘刚的故事是运用"激将法"的一个经典范例。班主任老师摸清了刘刚的心理，用一盆冷水狠狠地浇灭了他的骄傲，让他的情绪受到强烈冲击。这种打击激发了刘刚的巨大潜力，促使他奋发向前，最终取得了今天的成就。这种反向激励的方式，虽然看似严厉，实则充满了智慧与关爱，是一种有效的激励手段。

　　此外，三国时期的蜀国名将诸葛亮同样精通"激将法"的运用。在《三国演义》第六十五回中，当马超领兵攻打葭萌关的时候，张飞主动请战，然而诸葛亮却故意以激将之法回应道："马超英勇非凡，曾在渭水一战中大败曹操，此次迎战，唯有张飞、赵云二将联手方可战胜。然赵云此时在外驻守，看来只得召回关羽，与张飞共同出征了。"

此言一出，张飞立刻被激怒。他直接立下军令状，发誓如果不能战胜马超，便提头来见。最终，张飞孤身迎战马超，并成功使其归降。

尽管在个人战斗力上，张飞与马超难分伯仲。但不可否认的是，诸葛亮的"激将法"发挥了关键作用。它像一针强心剂扎在了张飞的内心，激发出张飞的巨大潜能，使他在战斗中发挥出超乎寻常的实力。

在现代企业管理中，"激将法"已经逐渐成为激励员工发挥潜能的有效手段。但是运用这种方法要注意得当，不能一蹴而就。特别是要充分考虑员工的个体差异，避免一刀切的做法。只有这样，才能确保激将法真正发挥作用。如果没有关注员工的客观差异，盲目使用激将法，很可能会适得其反。

所以，管理者在运用"激将法"激励下属时，需要坚守以下两大原则：

（1）选择好对象

"激将法"的应用有特定的范围。此法主要适用于那些社会经验和人生阅历相对较少的下属，他们往往容易感情用事。而对于那些历经世事、稳重老练的下属，"激将法"一般没什么作用。

此外，还需特别注意，"激将法"并不适用于性格内向、自卑感强或行事谨慎小心的下属。他们的心理承受能力相对较弱，过于激烈的语言，可能会被他们认为是嘲讽和挖苦，从而引发对领导的不满和怨恨。所以，在使用"激将法"时，管理者要考虑对象，确保此法能够发挥出预期的正面作用。

（2）注意言辞的分寸

作为管理者，在运用"激将法"时，要特别注意措辞的分寸。言辞过于尖刻或过于直白，可能会引发下属的逆反心理；语言过于平淡无奇，则难以激发下属的积极性。

所以，用"激将法"激励下属时，务必精准把握语言的尺度，既要避免过度刺激，又不可过于平淡，确保能够激发下属的潜能和动力。

以下有三种激将法可以尝试：

①点名激将法。

当你让一个团队去负责一项任务时，所有人的工作积极性都会比较低，没人愿意往前冲。但如果你点名让某个人去做一件事情时，通常他都能完成得很出色。因为员工会认为领导信任自己，对自己比较器重。更重要的一点是，责任明确，如果员工没做好，有可能会受到处罚，所以就会尽力去做。

②对比激将法。

比如我们让两个人去完成一项工作任务，工作完成后，我们分别在他们面前说另一个人的好话，让员工认为领导觉得对方好，这样可以激发员工的自尊心、进取心，让他们更尽力地工作。

③绝路激将法。

"置之死地而后生"是标准的绝路激将法。当个体或团队面临无法后退、只有向前冲的绝境时，他们往往会摒弃一切杂念，全力以赴地投入战斗中。这种"破釜沉舟"的决心和勇气，能够最大限度地激发他们的斗志和潜能，让他们迸发出超乎寻常的能力。

5.给员工适当压力，才能激发无限潜能

优秀的管理者，擅长把自己的压力传递给下属。

你担得起这份压力，才拿得起这份工资。

你担得起这份压力，才坐得稳这个位置。

给下属施压要张弛有度，随时调整。

要因人而异，对症下药。

要讲究方法，有的放矢，一边施压，一边激励。

在运动场上，经常可以看到这种有趣的现象：当运动员面临大型锦标赛或奥运会决赛时，他们的表现往往最为出色。面对大型比赛，每个人的反应不一样。有些人因压力而崩溃，但也有一些人能够借助这股压力创造新的世界纪录。许多令人瞩目的世界纪录，都是在大型赛事中诞生的。

任何人都不愿意有压力，但是压力确实能激发人内在的潜能。古语有云"置之死地而后生""破釜沉舟"，都揭示了一个道理：当面临巨大的压力或困境时，事情往往会出现转机，人们会强迫自己冷静下来，想方设法找到解决问题的办法。

在管理工作中，管理者有必要对员工施加一定的压力。因为有了压力，员工才能保持昂扬的斗志，更可能会激发出自己的潜能。

一位富有的父亲想给女儿找一位勇敢的丈夫，于是公开招亲。这一天，他和女儿站在河岸的一侧，所有的应征者则站在河对岸。招亲的条件简单明了：只要能游过这条河，就能成为他的女婿。

然而，没有人敢轻易尝试，因为他们都注意到了河中的危险：河里有鳄鱼。突然，一个年轻人跳入河中，并迅速游向对岸。很快，鳄鱼发现了他，紧随其后。面对鳄鱼的威胁，年轻人更加奋力地游泳，幸好河面并不宽。在鳄鱼追上之前，年轻人成功爬上了河岸。

新婚之夜，姑娘问他："别人都害怕鳄鱼，不敢游过来，你为什么敢下水，难道你不怕被鳄鱼吃了吗？"

新郎是这样回答的："谁不怕啊，其实是别人把我推下去的。当时我还咒骂推我下水的人。但是既然都下了水，那就使劲游吧，要不被鳄鱼追上就完蛋了！"

确实，如果他没有竭尽全力地游，可能就再也上不了岸了。也正是因为他努力拼搏，才最终抱得美人归。这个故事也告诉我们，如果我们能时刻保持危机意识，想象自己的身后有鳄鱼在追赶，做任何事情都拼尽全力，我们还会失败吗？

通常在面临绝境时，一个人的潜能会被最大程度地激发出来，所以，管理者不要怕给员工施压，反而要更主动地给员工压力，让他们始终保持积极进取、创新求变的精神状态，使潜能维持在被激发的状态。

歌德曾说过："人的潜能就像一种强大的动力，有时候它爆发出来的能量，会让所有人大吃一惊。"

一位中国留学生初到澳大利亚时，为了能填饱肚子，替人做农活、做家务……

有一天，他正在唐人街的一家餐馆里打杂，看见报纸上有一家公司正在招聘员工。他想去应聘线路监控员。历经重重考验，眼看就要应聘成功了，招聘主管却突然问他是否有车、会不会驾驶。原来，这份工作需要频繁外出，没有车根本就没法工作。可他刚刚来到这里，根本就没买车，但是为了争取到这份工作，他想都没想直接回答：我有车，会开车。于是，主管让他四天后开车来上班。

他向自己的华人朋友借了500澳元，从旧车市场买了一辆"甲壳虫"。紧接着，他迅速投入学车的过程中。第一天，他找到华人朋友学习驾驶技术；第二天，他开着车在朋友家的大草坪上练习。仅仅过了两天，他便勇敢地开着这辆新车上了公路。到了第四天，他直接开着车去公司报到了。

现如今，他已经成了"澳洲电讯"的业务主管。

大多数成功人士都曾经历过无数次的压力、考验，他们每天都觉得自己"身后有匹狼"在追赶。在面对压力时，我们不能总是逃避，而是应该为了激发自己的潜能，主动给自己施加一些压力。

事实上，我们如今使用的很多物品，当初发明它们的灵感都是被"逼"出来的。

格德纳原本是加拿大某家公司的一名职工。有一天，他在工作中不慎碰倒了一个瓶子，瓶子里的液体随即流到了桌上，染了一份急需复印的重要文件。

看到文件上的文字已经模糊了，格德纳焦急万分，他觉得自己闯了大祸。他迅速拿起文件仔细查看，幸运的是，被液体浸湿的部分字迹并未模糊，依然清晰可见。然而，当他将这份文件拿去复印时，却再次遭遇了意外。复印出来的文件上有一团明显的黑斑，这个黑斑就是刚才被染的部分。他刚刚放松的心情，再次紧张起来。

为了去除文件上的黑斑，他费尽心思，却始终没有找到解决办法。突然，他想到了一个点子：既然这种"液体"会导致复印件出现黑斑，那么是否可以反过来利用这个特性呢？自复印机问世以来，人们一直为文件被盗印而烦恼不已。为什么不以这种"液体"为基础，研发出一种能够防止盗印的特殊液体呢？

格德纳利用逆向思维，经过长时间的不懈努力，终于成功研制出了这种特殊产品。然而，他并没有直接将液体推向市场，而是推出了一种深红的防影印纸，并且销量很高。

实际上，格德纳的潜能，更大程度上是在紧张的情况下被"逼"出来的。

适度的压力是推动员工潜能爆发的催化剂。它能让员工勇敢地迎接挑战，应对新的环境和问题。当员工被逼至绝境时，他们往往会被激发出前所未有的创意和决心，正如兵法所云，"置之死地而后生"。同时，员工本人则可以通过自律、目标管理和时间管理来自我加压，以行动结果为导向，进一步激发自身的潜力。

管理者应该认识到，适度的压力能够成为员工工作的强大动力，其激励效果往往比其他方式更为显著。

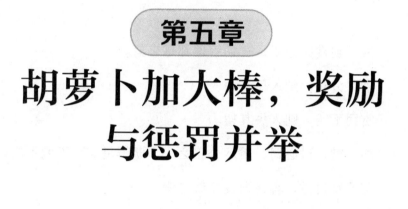

第五章

胡萝卜加大棒，奖励与惩罚并举

1.赏罚分明，才能让下属忠心

做不到赏罚分明，一切管理都是奢望。

赏罚分明，则人尽其力；

赏罚不明，则人失其望。

功必赏，过必罚，秉承公正之心，明辨是非，不偏不倚。

奖不宜过重，容易诱发骄傲自满；

罚不宜过重，以免打击积极性。

无论是管理一个部门、运营一个企业，还是统领一支军队，治理一个国家，为了确保有序运行，都必须建立一套明确的奖惩机制。对于表现优异的应给予奖励，对于失职犯错的则必须予以相应的惩罚。否则奖惩失察只会埋下隐患，最终酿成大祸。

古代的政治家们对"赏罚分明"这四个字极为看重，他们深知国家的兴衰、朝代的更迭，很大程度上取决于用人是否得当。而用人不当的问题，又往往与赏罚不明确、不公正有着千丝万缕的联系。

下面的案例将为我们清晰地揭示，赏罚尺度的把握是如何影响整体大局的。

汉哀帝即位后，见董贤容貌出众，立马提拔他担任黄门郎，不久又升任驸马都尉侍中。董贤与哀帝形影不离，同车出入，朝夕相伴，甚至共寝同眠。他竭尽所能地讨好哀帝，恨不得每时每刻都侍奉在哀帝左右，赢得了哀帝的宠爱。所以，哀帝特许董贤的妻子入宫同住，并纳董贤的妹妹为昭仪，任命董贤的父亲为少府，以示恩宠。

哀帝还为董贤在北阙之下建造了一座豪华府邸，赏赐无数珍宝。更为惊人的是，哀帝还预先为董贤修建了位于义陵旁的坟墓，规格与王陵无异，并赐予金缕玉衣和尚方珍宝等贵重物品。哀帝甚至竟有将刘氏江山禅让给董贤的举动，这一举动遭到大臣们的强烈反对。

但汉哀帝并未就此罢休，他颁诏想册封董贤为侯，立刻遭到了丞相王嘉等重臣的坚决反对。王嘉性格刚直严毅，他敢于直言不讳，勇于评论时政。自从担任丞相以来，王嘉便多次劝谏哀帝，反对他过分宠幸董贤。如今，这位既无德也无能，更无功绩，仅凭容貌取悦皇上的弄臣，竟然要被册封为侯，王嘉实在无法再保持沉默。

于是，他联合副相和御史大夫贾延，一同进谏。在王嘉等人的劝谏下，哀帝暂时收回了册封的成命。然而，数月之后，他再次颁布诏书，将董贤封为高安侯，并对那些反对封侯的公卿们进行了严厉的训诫。

面对皇帝的淫威，王嘉并没有屈服。他再次直言进谏，但这次他的劝谏引来了哀帝的不满，对董贤的宠幸越发无度。后来，傅太后逝世，哀帝竟假借太后遗诏，再次为董贤加封二千户食禄。王嘉拒绝执行这一诏书，并坚决向哀帝和王太后上疏反对。

哀帝对此大为震怒，以王嘉在朝中"未尽忠诚、举荐不当"为由，派遣尚书召王嘉前来质问。在哀帝的威逼下，最终决定"召丞相诣廷尉诏狱"，迫使王嘉自杀。按照汉代的惯例，"将相不辱""将相不对理陈冤"，凡是接到"召丞相诣廷尉狱"的诏书，无论有罪与否，受诏后都必须自杀，不得出庭接受审问。这一决定，无疑是对王嘉忠诚直言的极端打压和迫害。

王嘉深感自己无愧于心，坚决拒绝服毒自尽。在狱中历经二十多日的侮辱与折磨，他因绝食呕血，最终含冤而死。哀帝得知此事后，便任命董贤接替王嘉的职位。此时，董贤年仅二十二岁，便身居三公高位。

汉哀帝在赏罚方面的不明之举，导致朝廷上下离心离德，失去了往日的凝聚力。在汉哀帝与董贤的统治下，西汉的国势日渐衰弱。哀帝去世后，董贤失去了庇护，被迫自杀，而外戚王莽则趁机夺取了政权，最终西汉灭亡。

对于不应得到奖赏的过度赏赐，而理应得到奖赏的却被忽视甚至遭受处罚；对于应受惩罚的未能处以应有的制裁，反而还得到了丰厚的奖赏，这样的做法历来都是引发混乱的根源。

作为管理者，只有确保赏罚分明，才能赢得众人的信服，从而凝聚组织的力量。比如宋代的岳家军和明代的戚家军，正是因为严格执行赏罚制度，才让士兵们无所畏惧、勇猛善战。

赏与罚，是古今中外将领治军的两大重要手段，它们相互补充、缺一不可。而这两个手段不仅要清晰明确，还须及时实施，以确保效果的最大化。

《司马法·天子之义》有云："赏不逾时，欲民速得为善之利也。罚不迁列，欲民速睹为不善之害也。"孙膑甚至要求"赏不逾日，罚不还面"。说得有些太绝对了，但是赏罚的本质在于激励与警示他人，一旦时过境迁，效果便会大打折扣，甚至失去原有的作用。

从事管理工作，很大程度上就是在进行人际关系的协调与调动。在一个单位或部门中，如果能有效激发众人的积极性，那么工作效果自然会更好。

每个员工的思想觉悟水平存在差异，为确保工作的有序开展，赏罚机制是一种必要的管理手段。而要让赏罚机制真正发挥应有的作用，不仅要赏罚分明、适度、有信，更需要确保赏罚的及时性，以此赢得下属的信任与尊重。

2. "只奖不惩"或"只惩不奖"都有失偏颇

只奖不惩，会降低奖的价值，奖的效果就会打折扣；

只惩不奖，会使员工不知所措，员工只知道不该做什么。

赏以励其志，罚以警其心，二者相辅相成。

奖，宜及时且适度，如"及时雨"般滋润员工心田；

惩，则宜审慎而公正，如"警钟长鸣"般提醒员工守规矩、不逾矩。

巧妙运用奖惩之道，须审时度势、因人而异。

自古以来，无论是管理国家、统率军队还是领导团队，都有一条永恒且有效的原则，那就是"赏罚分明"和"奖勤罚懒"。

回顾历史长河，那些声名赫赫的军事家，无不在治军方面法纪严明，诸葛亮更是其中的佼佼者。作为三国时期最为杰出的管理者之一，诸葛亮在统筹军政各项事务时，如果没有一套行之有效的手段，是难以达成宏伟目标的。而在这众多手段中，赏罚分明便是他的一大法宝。对于那些立下赫赫战功的人，他慷慨施恩，不断给予激励；而对于那些犯下错误的人，他则严明法纪，秉公执法，决不姑息。以下两个事例，便充分展现了诸葛亮的赏罚分明之道。

第一件事发生在诸葛亮首次北伐期间。当时，马谡因大意失守街亭，导致诸葛亮的北伐计划彻底受挫。在退军之后，诸葛亮为了维护军纪，尽管心痛不已，但仍下令斩了马谡。与此同时，对于在街亭之战中表现出色、立下战功的大将王平，诸葛亮则给予了充分的表彰，并提升了他的官职，以此彰显他赏罚分明的治军之道。

第二件事是诸葛亮对另一位重要人物——李严的处理。李严作为托孤重臣，一直深受诸葛亮的器重和信赖。然而，在北伐的关键时刻，李严却没能按时将粮草提供给前线，反而为推卸责任在诸葛亮和刘禅之间编造谎言。由于当时诸葛亮并没有了解到事情的真相，只得下令退军。后来，诸葛亮得知李严的所作所为，深感失望和愤怒，毅然决定将他革职查办，以维护军纪的严明与公正。

街亭之战无疑是诸葛亮军事生涯中最为失败的一次。战后，他毫不留情地处罚了马谡，以儆效尤；同时，又慷慨地表彰了王平，以彰其功。这种恩威并施的智慧，不仅使军纪得到了有效的整肃，更激发了士兵们的士气与斗志。在现代团队管理中，管理者应该借鉴诸葛亮的做法，既有奖励以激发积极性，又有惩罚以维护纪律。

由此可见，在管理中赏罚分明无疑是极具智慧的手段。即便在团队繁荣昌盛之际，有人犯错了，我们也应该对他予以惩罚；而当团队面临困境与挑战时，更应对推动团队前进的员工给予奖励。只有确保奖惩机制的正确运行，我们才能坚定员工的信心，激发他们的潜能，共同推动团队不断向前发展。

3.恩威并施：菩萨心肠做人，金刚手段做事

菩萨心肠，不是无底线退让；

金刚手段，不是无休止退让。

管理者要懂得发脾气，学会恩威并施。

施恩就是笼络人心，立威就是杀鸡儆猴。

施恩要先淡后浓、先薄后厚、先轻后重。

施威要先严后宽、先紧后松、先威后恩。

没有威过的恩，会让别人以为你在讨好他；

威后没有恩，则会令人觉得冷酷无情。

对于恩威并施，拿破仑曾经形象地说："我有时像狮子，有时像绵羊。我成功的全部秘密在于知道什么时候我应当是前者，什么时候是后者。"

作为一名管理者，想要让下属心悦诚服，一定要做到恩威并施——既要讲规矩，又要讲人情。

"恩"不仅是指亲切的话语和优厚的待遇，更是一种细致入微的关怀，尤其是话语的力量，无法被忽视。记住下属的名字，是给予他们的最基本的尊重。在下属表现出色的时候，能够微笑着说出对方的名字，这种认可和鼓励无疑会在他们的心中播下感激与认同的种子。他们会因此而深受鼓舞，并在心中默默下定决心：上司记得我、重视我，所以我必须更加努力工作，回报这份信任和关怀。

除此之外，还要关心下属的生活，倾听他们内心的声音，虽然难以做到面面俱到，但最起码能让下属感受到你的真心和诚意。

"威"在管理中代表了命令与批评的必要性和严肃性。一个有效的管理者，必须确保所有命令都能严格执行，任何违规行为都要受到应有的批评和纠正。规矩不是一纸空文，而是需要被认真遵守的准则。作为管理者，如果自己对规矩过于宽松，那么下属可能会误认为这些规矩并不重要。因此在执行命令和规矩时，必须保持严格和公正，让下属明白违反规定将受到应有的惩罚。只有这样，才能维护管理者的权威，确保团队的稳定和高效运作。

说到"恩威并施"就不得不提一个人——晚清名臣曾国藩。曾国藩率领的湘军之中有个叫陈国瑞的悍将，他不仅骁勇善战、谋略超群，屡立奇功，更难得的是尊重名儒，不贪财色，因此得到了重用。然而，陈国瑞并非完美之人，他的性格中存在明显缺陷，他好私斗，性情暴躁，且常常不听调度。更要命的是，他染上了吸食鸦片的恶习。

曾国藩深知要想让陈国瑞真心归附，必须让他心悦诚服。于是曾国藩采用了"恩威并施"的方法，他先以凛然不可侵犯的正气打击陈国瑞的嚣张气焰，之后细数他的劣迹暴行，让他意识到自己的过错和别人的评价。等到陈国瑞灰心丧气、准备打退堂鼓时，曾国藩再话锋一转，表扬他智勇超群，不好色、不贪财等优点，是个大有前途的将才，千万不能因莽撞而自毁前程。

曾国藩语重心长地对他说："你如果可以细心领会，等军务稍松时，你来见我，我再详细给你分析其中利弊，这不仅对你有利，对时局也有利，能把你塑造成一代名将也是我的一个功劳……我希望你可以保持天生勇谋兼优的本质，痛改后来养成的恶习，我还是对你寄予厚望的！"

这番话让陈国瑞重新振奋起来，随后，曾国藩给他立下了"一不扰民，二不私斗，三不梗令"三条规矩，一番话说得陈国瑞心服口服。可江山易改，本性难移，刚刚还痛定思痛的陈国瑞回到营地就忘了曾国藩的话。

　　曾国藩见软的不行，立马请旨撤去了陈国瑞帮办军务之职，褪去他身上的黄马褂，责令他戴罪立功，以观后效，并警告他再不听令就要撤职查办。此时的陈国瑞才真的慌了神，一想到自己多年战场拼杀来的军衔顷刻间化为乌有，马上又要回到过去无权无势的生活，便在心中暗下决心，一定要改掉恶习。（事见曾国藩《剿捻告示四条》）

　　曾国藩考虑到陈国瑞有成为名将的潜质，因此将他的优缺点细数出来，让他自己选择。并且在处理陈国瑞的问题时，做到公私分明，有公罪，无私仇，明确地向陈国瑞表示，自己这么做的目的就是成全他的一世英名。如此一来，陈国瑞被曾国藩治得服服帖帖。

　　曾国藩虽然只是一介书生，却能成功统率数十万将士，就是因为他高人一筹的用人、御人之术，他曾总结过这样一句话："宽在名利，严在礼义。"意思是施恩则以功名利益，施威则以公正礼义。这样才能收获实效。

　　作为管理者，无论是古代的王侯将相，还是现今公司的领导，恩威并施的两手策略一直备受推崇。日本企业家松下幸之助认为，管理者对于下属，应是慈母的手紧握利剑，平日里关怀备至，犯错误时严加惩戒，恩威并施、宽严相济，才能完全驾驭团队。也就是我们常说的既要有菩萨心肠，又要有金刚手段。最忌讳的就是一上位就施恩。没有威过的恩，会让下属以为你在讨好他。对人施以恩惠应该先淡而后浓、先薄而后厚、先轻而后重，如果反向而行，容易使人逐渐失去警觉而忘却这是一种额外的恩惠，反而认为是你亏欠了他们，并因此会受到抱怨。对人施以威严要先严而后宽、先紧而后松、先威而后恩，若反其道而行，那么下属就会难以适应，从而认为你冷酷、厌恨你无情。正所谓：恩宜自薄而厚，威须先严后宽（《菜根谭》）。

当然了，无论是"恩"还是"威"，都要把握好"度"。"恩过"则下属不仅不会感恩，还可能结仇生怨；而"威过"不仅得不到下属的尊重，反而会导致人才流失。有智慧的领导在批评下属时，绝不会直来直去，而是先给予肯定、再否定，先表扬、再批评。这样不仅不会引起下属的反感，还会让下属心服口服。

其实曾国藩采用的是"胡萝卜加大棒"的团队管理法。服从指挥，做出成绩，就给下属胡萝卜；违抗命令，错误百出，就举起大棒。只有胡萝卜没有大棒，下属没有压力，工作难以得到提升；只有大棒没有胡萝卜，下属工作没有动力。给胡萝卜时要真诚，细数下属的优点和功劳；给大棒时要一针见血，严厉惩处，绝不心慈手软。

　　高明的管理者在批评下属之后，不论是表扬下属，还是安慰下属，都能给下属传递这样的信息：我之所以批评你，是因为我重视你，此即为"爱之深，责之切"的道理。这样不仅能激发下属奋发图强的心，也能使下属对管理者更信服。

4.多用正激励，善用负激励

激励本身不是目的，而只是手段。

正激励是提高组织绩效的有效途径；

负激励不是为了惩罚而惩罚，是为了达到预期目标；

正激励与负激励，殊途同归，追求目标一致。

领导在管理下属的时候，既要正激励也要负激励；

正激励激发员工潜能，使他更上一层楼；

负激励则如"警钟长鸣"，提醒员工守规矩，避免误入歧途。

　　作为管理者，为了引导员工按照我们的期望行事，使用的激励方法尤为关键。奖励作为正激励的核心手段，惩罚作为负面激励的主要形式，两者在管理中均发挥着重要作用。

虽然我们可以采取强硬的态度命令员工执行任务，或者通过惩罚迫使他们与我们合作，但我们必须意识到，这些做法往往只能产生表面的效果，实际却可能会引发更深层次的问题。因为这些方法会让员工感到不悦，降低他们的积极性和合作意愿。

每位管理者都期望员工能竭尽全力投入工作，要实现这一目标，并非发号施令或者施加压力就能达成。关键在于激发员工的内在动力，使他们真心愿意为工作付出努力。所以，我们需要巧妙地结合正激励与负激励，就像运用"胡萝卜"与"大棒"的策略一样，既给予员工应有的奖励与认可，又在必要时进行适当的约束与引导，实现有效管理。

联邦快递一直秉持着一项核心管理原则：激励胜于惩罚。公司积极推行员工与客户的工作评估机制，主要目的是表彰表现出色的员工。公司的经理们不仅引导员工根据工作要求进行个人调整，还助力他们创造业绩。同时，公司还设计了考核流程和培训计划，确保经理们能够树立正确的榜样。联邦快递的高级经理们以身作则，为下级经理树立了典范。这一管理模式，促使联邦快递 50000 名员工共同参与到提高生产效率和服务质量中，使公司取得了前所未有的卓越业绩，还把成本控制在了最低水平内。

另外，联邦快递还采用了一种特别的激励方式：用员工子女的名字为新买的飞机命名。通过公正的抽签机制，挑选出幸运员工，不仅将他们孩子的名字漆在飞机的鼻尖上，还邀请孩子及其家人亲临飞机工厂，共同参加这一庄重的命名仪式。

这一系列精心策划的激励举措，不仅激发了联邦快递员工的工作热情，使他们每天都以饱满的激情积极工作，更推动了联邦快递在全球范围内迅速崛起，成为一家规模庞大且享有盛誉的知名企业。

管理者激励员工时，应该着重强调奖励机制，适度减少惩罚措施，以更有效地激发员工的工作热情，推动员工不断进步。过度使用惩罚手段，只会削弱员工的积极性，阻碍其成长与发展。

顾客老孙是一位年过半百的先生，某天在百货大楼选购了一个茶杯。次日清晨，他便带着些许不满来到店内要求退货。接待他的是营业员小赵，小赵审视了茶杯片刻，疑惑地问道："这杯子看起来没问题啊，为什么要退呢？"老孙脸一沉道："确实没什么问题，但我就是想退。"

小赵稍作犹豫，随后说："那请您出示一下发票，我需要核对一下。"老孙却表示："发票不小心弄丢了。"小赵解释说："非常抱歉，按照商场的规定，没有发票是无法办理退货的。"老孙听后颇为不悦，提高了嗓门："没发票你就不退了吗？"此时，周围的目光纷纷投向了小赵。

小赵担心事态扩大，影响商场的声誉，于是耐心解释："请您理解一下，这是商场的规定，没有发票我们确实无法办理退货。"然而，老孙却坚持己见，声音愈发高了起来："今天这茶杯我必须退！"围观的人越来越多。小赵考虑到大局，决定妥协，同意为老孙办理退货。老孙这才心满意足地离开。

事后，商店领导了解了此事的来龙去脉后，认为小赵在处理退货事宜时没有严格遵守"顾客必须凭发票退货"的规定，对小赵进行了通报批评，并处以相应罚款。小赵对此深感委屈。这一处罚在员工中引发了巨大反响，使他们今后在工作中更加严格遵守规定，即使面临顾客的强烈不满或负面评价也毫不退让。

但是公司的处罚方式并不全面。理想的做法应该是奖惩并行，因为小赵的初衷是为了维护公司的声誉和顾客的满意度。商场管理者完全可以在对小赵进行处罚的同时，对他有效平息顾客怒火的行为给予一定的奖励。这样既能维护公司的规章制度，又能保护员工的工作积极性，实现双赢。

充分运用正激励，不仅可以有效激发员工的自信心和工作热情，还能促进上下级之间关系的和谐，从而使工作质量和效率得到显著提升。相较于惩罚，正激励更能取得良好的效果。所以，管理者应将正激励作为日常管理的核心策略，并制定专门的制度加以实施。当员工取得成就或进步时，管理者应该根据事实，对他们进行正激励，以进一步激发其工作积极性。

那作为负激励，如何实施才能发挥它的正面作用呢？

（1）负激励的执行不能产生太大偏差

实施负激励，应该对每个人都平等对待。相较于正激励的执行，更为严苛且不易。正激励如锦上添花，增减之间，员工多不以为意。然而，负激励却大不相同，一旦有失偏颇，员工便会斤斤计较。若偏差严重，不仅企业管理者的权威会受损，更会导致企业的管理制度形同虚设。比如，面对员工迟到的情况，不能因为员工在路上堵车，非主观过错而姑息。否则，日后以"堵车"为由迟到的员工就会络绎不绝。更重要的是，制度的执行必须一视同仁，绝不能因身份特殊而有所偏袒，让所有制度都沦为一纸空文。

（2）在负激励面前管理者要以身作则

作为企业的领航者，管理者应该勇于与员工共同承担责任，以此赢得员工的真心信服。特别是在实施负激励的过程中，管理者要以身作则，与员工并肩作战，这样才能真正激发员工的凝聚力和向心力。

（3）正确把握负激励的力度和尺度

负激励如果使用不当，可能会给员工带来不稳定感，还可能会导致员工与上级关系紧张，甚至影响到同事间的和谐，削弱企业的凝聚力。过于严厉的负激励措施可能伤害到员工的情感，使他们过于谨慎，不敢尝试，从而抑制了员工的创新精神和积极性。但如果负激励措施过轻，员工可能会对此视而不见，起不到应有的警示作用，也无法达到预期的管理效果。

此外，过于频繁的处罚以及不合理的任务安排，可能会使员工在工作繁忙时，优先处理处罚较重的任务，而忽略或延后处罚较轻的工作。所以，在实施负激励时，务必要把握一个恰当的"度"，并针对不同的员工群体采取差异化的处理方式。

（4）注重物质负激励与精神负激励相结合

物质负激励，如财物处罚、降级降薪等，与精神负激励，如批评、警告、降职等，共同构成了负激励的完整体系。这两者互为补充，相互依存，既可以单独使用，也可以综合施策。具体如何结合运用，还是要根据企业的文化特色、员工的行为习惯以及领导的管理风格等实际情况来灵活调整。

5.既要敢于批评，更要善于安抚

> 万事严中求，严师出高徒，"好人主义"出不了好员工。
>
> 当头棒喝，为的是唤醒顽痴；
>
> 忠言逆耳，求的是行稳致远。
>
> 但一味地批评，会引发反感和对抗情绪。
>
> 批评后及时安抚，一打一抚，才能产生敬畏，不轻易犯错误。

在管理实践中，批评的价值在于让员工吸取教训，避免在相同情况下再次犯错，甚至激发出更好的工作表现。但如何正确进行批评却是一门艺术，多数领导者都没有掌握，以至于引发员工的抵触情绪。

从某种意义上来讲，适度的批评与表扬一样，都是共情管理不可或缺的一环。它们同样能够激发员工的工作动力。本质上，批评的目的并非单纯指出错误，更是为了帮助员工增强自信，发现自身尚未察觉的进步空间，从而获得持续成长的动力。

心理学研究显示，无论是正面的鼓励还是负面的批评，都属于正常的反馈机制。相比之下，缺乏任何形式的反馈才是最令人不安的。因为员工往往需要依赖他人的反馈来确认自己工作的意义和价值。当缺乏反馈时，员工会感到焦虑和不安。特别是由于你的疏忽，没有有效地去批评员工，对方可能会误以为你不认可他的工作，甚至忽视他的价值。

那么，如何批评员工算是有效批评呢？通常来说，有效的批评不仅需要明确指出员工存在的问题，提供改进的方案，还需要发掘员工潜在的成长空间。除此之外，还要表达对员工工作的肯定和对员工成长的期待。这样的批评，更利于员工在改正错误后重新审视这份工作。

下面这个销售部经理的批评方式就不可取。

艾达正和同事有说有笑，口袋里的手机突然响了起来。她一看是经理办公室的电话，立刻紧张地接听："经理，您好。"

"艾达，你现在来一趟我的办公室。"

销售部经理啪的一声挂断了电话，把艾达吓得魂儿都没了。她怀着忐忑不安的心情走进了经理办公室。

"艾达，你看看你这个月的销售业绩，也太差了！你再看看安吉拉，她刚来公司，业绩都比你好！我给你这么高的工资不是为了养着你！如果你不能一直做销冠，加薪的事情我们就不要提了。"

艾达被销售部经理一连串严厉的批评吓得手足无措，心乱如麻。

"经理，请允许我解释一下……"艾达不愿意被冤枉，想趁机沟通一下工作中的问题。

但是销售部经理却显得不耐烦，他打断了艾达的话："艾达，我现在不需要听你的解释。你回去自己想想吧。我就给你一次机会，如果下个月你的业绩还这么差劲，年终奖金就别想要了。我现在很忙，你先出去吧。"说完，他挥手示意艾达离开。

艾达怀着沉重的心情离开了经理办公室，想起经理那咄咄逼人的态度，心中非常愤怒。由于自己被分配到了新开发的市场，没有什么客户，销售额自然比不了成熟市场。而安吉拉作为新员工，却幸运地被安排到了客源稳定、关系网牢固的老市场。

艾达深感委屈，她觉得经理只关注数据，不问缘由。这种不公正的待遇让她对工作越来越消极。

很明显，这个事例中的经理对艾达的批评过于片面，没有考虑到她的实际情况。不管在任何时候，批评员工时都应该先肯定员工的工作价值，并期待对方的成长，这才是有效沟通。经理对艾达的批评，显然是非常失败的。

在批评员工时，我们还需要注意不要一刀切，有些行为是不能批评的。而且一次批评就针对一件事，不要翻旧账，且批评的时间不宜过长。

作为管理者，怎么知道自己对员工的批评有效果了呢？

主要看员工在接受批评后，有没有积极去改进。如果在批评过程中，我们像艾达的经理那样将员工与他人进行比较，对员工进行言语攻击或全盘否定、一味打压，那么很难达到我们期望的效果。

想把团队带好，批评员工之后，别忘记及时安抚，这是批评环节中最不可或缺的一环。对于员工的任何改变和进步，不论大小，我们都应当给予认可，并当面表达赞赏。如果我们只关注员工的不足而忽略他们的进步，过度指责，那么员工很可能会消极怠工。

同时，我们还要在员工需要帮助的时候，给出自己的建议。如果员工没有向你寻求帮助，就保持沉默，避免让员工认为你不信任他们。在必要的时候，你要及时鼓励、督促员工，让他们快速进步，也让他们感受到自己的成长和进步被看见和关注。

6.施予"小恩"，可以获得大回报

动人心者莫过于情，情动之后心动，心动之后理顺。

聪明的领导者善于给下属"戴高帽子"和施予"小恩小惠"，而不是整天挥舞着大棒。

"小恩小惠"虽"小"，却可以拉近人与人之间的心理距离。

也正是因为"小"，所以可以经常给予。

感情上的细水长流，胜过漫长等待后的年度和季度奖励。

一些企业的管理者对员工进行激励的时候，往往存在两种极端态度。

一种是过于吝啬，对所谓的"小恩小惠"不屑一顾，这种做法很难真正激发员工的积极性和主动性。

另一种则是过于慷慨，不顾企业的实际财务状况，慷慨解囊，滥发奖金。这一做法同样存在问题，它可能会使员工过于看重物质利益，为了获取奖金而不择手段，从而助长贪婪之心。同时，这种过度的物质激励也会给企业带来沉重的财务负担。

折中的方法往往能够带来出乎意料的效果，管理者在日常管理中，不妨尝试通过给予员工一些"小恩小惠"来激发他们的积极性。

《战国策》中记载了一则故事：中山国君设宴款待都城里的将士，然而席间有一位大夫司马子期却没有分到羊羹，因此他心生不满，愤然离席并前往楚国，劝说楚王出兵攻打中山国。中山君在逃亡的时候，发现竟有两个人手持长戈紧紧跟在他的身后，始终保护着他。中山君好奇地询问二人身份，他们回答道，多年前他们的父亲差点饿死，是中山君的一碗饭救了他的性命。父亲临终前嘱咐他们，如果中山君有难，一定要全力相助。所以，他们要誓死保护中山君。中山君听后，深有感触地叹息："施予不在于数量的多少，而在于是否能在他人最需要时伸出援手；怨恨不在于深浅，而在于是否触及了他人的心。我因一碗羊羹而失去国家，却也因一碗饭而得到两位勇士的忠诚。"

一次微不足道的疏忽，竟可招致国家覆灭；而一次看似微小的恩惠，却能赢得他人的以死相报。由此可见，管理者想要赢得人心，需要在日常管理的细节中，让员工感受到领导的关怀与付出。然而，由于领导者公务繁忙，与员工接触的时间有限，即便心怀仁爱，员工也可能无从知晓。所以，作为领导者可以试试把这份仁爱之心化为实际行动，以"小恩小惠"的形式传达给下属。比如，在员工过生日的时候，或是当他们面临困境、心情烦闷的时候，送上一份贺卡、一条领带，或者递上一杯热茶，以表达关心与祝福。有时，一封简单的电子邮件，几句温暖的话，也能起到意想不到的效果。

切勿将"小恩小惠"视为平庸领导的惯用手段，即便你自认为是一位有能力、有威望的领导，也不能忽视它的重要性。如果让员工在你与擅长运用"小恩小惠"的领导之间做出选择，你是否能确保他们一定会选择你、拥护你呢？你的关爱与照顾需要通过具体行动来体现，如果将爱心隐藏，员工又怎么能够感受到温暖呢？更别提竭尽全力为公司工作了。

适时适度地给予下属"小恩小惠"，虽然看似微小，却能发挥出巨大的作用，堪称"小兵立大功"。"小恩小惠"可以让下属深切感受到领导的关怀和团队的温暖，进一步认识到自己的价值和尊严。这种被关爱和重视的感觉能够激发下属不断提升自我，积极主动地投入工作中，以回报领导的关爱。即便他们的能力有限，工作成果可能并不显著，但他们在工作中一定会全力以赴，这绝对是一个稳赚不赔的策略。

在施予小恩的过程中，有时需要领导个人承担一些费用，对此我们不应吝啬，比如给下属买杯饮料，在他们生病时送上一束鲜花，生日时送上祝福和蛋糕等。过于斤斤计较这些费用，最终的激励效果肯定会大打折扣。

第六章

不做马后炮，奖励和惩罚都要趁热打铁

1.正向激励，贵在及时

> 赏不逾时，欲民速得为善之利也。
>
> 激励只有及时实施，才能"赏一以劝百"，产生震撼和轰动的效果。
>
> 因人而异施激励，及时精准显智慧。
>
> 激励不止于一时，持续跟进显成效。
>
> 情真意切话激励，及时送达暖人心。
>
> 员工心中有明镜，工作自然出成绩。

古代兵书《司马法》有云："赏不逾时，欲民速得为善之利也。罚不迁列，欲民速睹为不善之害也。"这句话的意思是，奖赏应迅速且及时，旨在让官兵尽快体验到行善的积极反馈；同样，惩罚应就地执行，目的是让官兵即刻认识到作恶的负面影响，并以此为戒，避免重蹈覆辙。这样的奖惩制度有助于官兵迅速认识到善恶的界限，从而更加自觉地规范自己的行为。

这段话虽源自千年前的战国时期，却与当代心理学的奖罚理念相契合。从行为学的视角来看，行为与激励之间的时间间隔过长，激励效果将大打折扣。所以，在管理工作中，应该"迅速"给予正面的奖励和赞美，使积极的行为得到及时的强化。这种强化机制对个体未来的行为方式和目标设定具有深远的影响。

谈及奖赏的及时性，商鞅"立木为信"的故事堪称经典范例！

在春秋战国时期的秦国，商鞅在秦孝公的鼎力支持下，推行一系列重要的变法改革。由于当时战事频发，民众心中充满不安与疑虑。为了树立自己的权威并顺利推行变法，商鞅采取了一个特别的举措。他命人在城南门外竖起了一根高达三丈的木头，并公开承诺：任何人只要把这根木头从南门搬到北门，便可以获得十两黄金的丰厚奖赏。然而，围观的人对此并不买账。他们觉得这简直不可思议，怎么能仅凭如此简单的动作就获得丰厚的奖赏？这一定是商鞅在故弄玄虚，想骗他们上当。因此，尽管大家都聚集在一起看热闹，却没有一个人愿意上前搬动那根木头。商鞅见众人仍持怀疑态度，果断将原先许诺的十两黄金奖赏提升至五十两。正所谓"重赏之下，必有勇夫"。不久，便有一位憨厚朴实的男人愿意一试。当他成功地将木头从南门扛至北门后，商鞅立即兑现了五十两黄金的奖赏。

此举迅速在民众中传开，极大增强了商鞅的信誉与威望。随后，商鞅开始在秦国全面推行他的变法改革，得到了民众的积极响应与配合。秦国因此逐渐崛起，并最终成功统一了六国，实现了国家的繁荣昌盛。

古语有云："机不可失，时不再来。"在这个事例中，商鞅恰恰捕捉到了奖励的绝佳时机，并果断地给予了相应的奖赏，从而赢得了民众的信任与尊重。可以说，正是这一明智之举，让商鞅成功地树立起了自己的威望。他的做法不仅彰显了其决策的果断与高效，更展现了他对民众心理的深刻洞察与精准把握。通过及时兑现承诺，商鞅成功地激发了民众的积极性与参与感，为后续的变法改革奠定了坚实的基础。

奖励之道，既是一门学问，又是一种艺术。对于管理者而言，熟练掌握这一艺术是有效管理下属的关键。然而，许多企业的领导者在奖励下属方面却显得不够重视。他们更愿意将奖励集中至年终进行，无论大小。这种做法忽略了奖励的时效性，当被奖励者时隔多日站在领奖台上时，那份初时的渴望与激动早已荡然无存。即便领导再如何赞美与奖励，激励效果也已大打折扣。

更糟糕的是，有些管理者喜欢开出"空头支票"。在员工开展工作之前，总是给予他们种种诱人的承诺，事后却以种种借口推脱，让员工望眼欲穿，始终不见承诺兑现。这种做法不仅严重打击了员工的工作积极性，更让管理者自身的形象受损，丧失了应有的权威与诚信。

那么，管理者应该如何及时激励员工呢？或许，我们可以从福克斯波罗公司的"金香蕉"奖励政策中获得灵感。

美国福克斯波罗公司在初创时期，面临着一个重要技术的改造任务，让公司总经理倍感压力，深夜时分他仍在办公室苦苦思索对策。这时，一位技术工程师突然闯入他的办公室，告诉他自己的研究成果解决了这一技术难题。总经理对此感到极为兴奋，打算马上奖励这位工程师。然而，他在办公室寻找了一圈，也没有找到合适的奖品。这时，他的目光落在了茶几上的一根香蕉上。于是，他拿起这根香蕉，郑重地交给工程师，并说道："你的表现非常出色，这根香蕉就作为对你的奖励吧！"

尽管那根香蕉并不昂贵，却是总经理在当时能够给予下属唯一的奖励。正是这一根小小的香蕉，成了福克斯波罗公司日后奖励机制的起源。公司管理层受到启发，仿照香蕉的形状打造出了金质奖章，以此表彰那些为公司做出杰出贡献的员工。这一传统不仅彰显了公司对员工辛勤付出的尊重和认可，也激励了更多员工为公司的发展贡献自己的力量。

身为管理者，在对下属的管理中，务必坚守"及时表彰，迅速纠正"的原则。一旦发现下属表现出积极、值得赞许的行为，一定要在第一时间给予表扬或奖励。这不仅能够及时弘扬正面行为，更能激励当事人持续发挥优势。

相反，延迟奖励，往往会导致员工对工作失去热情，使整个团队陷入沉闷的氛围。所以，作为一位明智的管理者，给予员工正向激励应迅速而果断，确保行动的有效性，以免错失良机，无法发挥应有的激励作用。

2.惊喜型激励比直接激励更有效

意外之喜，胜于预期之赏。

管理的艺术与高明就在于激励，而惊喜是激励的催化剂。

用心观察，发现需求；巧妙安排，才能制造惊喜。

惊喜激励就是要打破常规，出其不意。

巧妙布局和安排，让惊喜自然降临。

一位老板接到了一笔紧急且庞大的订单，他需要在极短的时间内将大批货物搬运到码头装船。尽管他感到兴奋，但任务的时间压力和货物量让他有些犯难，特别是考虑到目前公司人手不足的情况。那么，如何才能在现有的条件下，让员工高效完成任务呢？老板想出了一个妙计。

中午时分，老板亲自下厨，为员工们烹饪了一顿丰盛的午餐，他做了超多红烧肉。然后在每位员工的碗底都藏了几块香气四溢的红烧肉。在分发午餐时，老板亲自将饭一碗一碗地端到桌子上，并热情地对员工们说："大家最近辛苦了，今天的午餐是我亲手做的，希望大家能好好享用。"员工们在吃饭时，意外地发现了碗底的红烧肉，由于他们以为只有自己碗里才有，所以都小心翼翼地独自享用，生怕被他人发现。

这个小小的举动激发了员工们的工作热情。大家纷纷表现出前所未有的干劲，工作效率比平时高出许多。只用了一下午的时间，他们便将所有货物都搬运完了。

在这个故事中，老板的高明之处在于他巧妙地利用了员工的心理，让每个人都误以为只有自己的碗里藏有红烧肉，从而感受到自己在老板眼中的独特性和重要性。相比之下，如果老板将一盘红烧肉放在桌上供大家共享，虽然也能起到一定的激励作用，但效果绝对无法与将红烧肉藏在员工碗底相提并论。

实际上，老板所利用的是人们普遍渴望被重视和赞赏的心理，这是一种极为有效的激励机制。每个人都希望自己的付出能得到认可，希望自己在领导眼中是独一无二的。当员工感到自己被领导重视时，心中便会涌现出幸福感，进而为了获得更多认可和赞赏，更加努力地工作，工作效率自然就提升了。

作为管理者，要擅长用鼓励和赞美来激励他人，还要深知如何制造令人意外的惊喜，进一步激发员工的工作动力。正如上文故事所述，老板在为员工准备红烧肉时，事先并未透露任何风声。当员工们发现这一意外之喜时，他们首先感到的是惊喜，随后会意识到这是因为自己的表现受到了领导的重视和认可。所以，在搬运货物时，他们的积极性会非常高。

试想一下，如果老板提前告知员工们中午会有红烧肉，那么员工们可能会对此产生期待，甚至可能会觉得这种奖励并不能满足他们的期望。但是当这种激励措施以出其不意的方式呈现时，员工们就不会有过多的预期。这时，那几块看似不起眼的红烧肉，就发挥了巨大的激励作用。

因此作为管理者，要想有效调动员工的工作积极性，就需要善于运用智慧，学会以不同的"惊喜"方式来激励下属。通过创造这种意料之外的惊喜，能够增强员工的归属感，激发他们的工作热情，从而实现更高的团队绩效。

老王是我的高中同窗，大学毕业后不久便投身到服装外贸行业，开始了他的创业之路。一次，他的公司承接了一个大规模的服装定制项目，同时手里还有几笔小订单。为了赶进度，员工们不得不连续加班，夜以继日地工作。经过一周的奋战，任务已接近完成，大家内心最期盼的莫过于过一个轻松惬意的周末。

但就在周五临近下班时，员工们却接到了周六仍需上班的通知。尽管心中有所不满，但大家也只好接受这一安排。

周六当天，所有人都按照惯例来到了公司，惊讶地发现老王早已在办公室等候。等员工们都到齐了，老王微笑着说："上周大家的表现非常出色，订单任务也即将圆满完成。今天，咱们不忙工作，一起享受享受美食！吃完饭，大家就可以回家好好休息啦，周一下午我们再继续奋斗！"此言一出，办公室内顿时响起一片欢呼声。事后，员工们纷纷表示，这次突如其来的惊喜真是让人感动不已。

在一天的 24 小时中，大部分时间我们都在工作。如果员工所处的工作环境不尽如人意，员工的心情就会受到影响，那么他们便难以全心全意地投入工作中。因此，身为管理者，若期望下属能以更高的热情投入工作中，就必须努力去营造轻松愉悦、舒适自在的工作氛围，并能为下属带来惊喜。

管理大师坎特说："薪酬是权利。认可是礼物，是惊喜。"这句话所传达的意思是，尽管薪酬是员工工作的基本动力，但在很多情况下，单纯的薪酬并不能满足员工在精神上的渴望和追求。相反，领导者一句无心的赞美或一个鼓励的眼神，往往能带给员工出乎意料的喜悦和满足。这些看似微小的举动，能在员工心中激起巨大的波澜，成为他们工作中不可或缺的精神食粮。

那么，管理者如何为下属打造惊喜体验呢？

实际上，方法不胜枚举。例如：在员工生日来临之际，送上一份礼物，一定能让他们倍感温馨；当员工遭遇困难时，及时伸出援手，给予他们意想不到的支持与帮助，无疑能让他们感受到团队的温暖；在不经意间，组织一次聚餐，也能为大家带来意外的喜悦。总而言之，只要心怀真诚与关爱，时时处处都蕴藏着制造惊喜的可能。

3.先给黄连再给甜头，让对方先苦后甜

先严后宽者，人感其恩；先宽后严者，人怨其酷。

在制度上严，在处罚上宽。

对无德者严，对德才兼备者宽。

对事不对人，对事严，对人宽。

在执行上严，在讨论上宽。

在运营上严，在创新上宽。

对己严，待人宽。

意大利作家马基雅维利所著的政治经典《君主论》，深受拿破仑喜爱。书中一句广为传颂的名言是："痛苦应一次性彻底施加，而恩惠则需慢慢给予。"意思是说，对员工进行惩罚时，应当迅速而果断，不拖泥带水，以体现管理者的决断力和威严。而对员工进行奖赏和激励时，则应如细水长流般持续地给予，并时不时制造一些惊喜，以此来激发员工的积极性。

从管理学的视角来看，这句话的意思是，身为管理者，当你去赏罚员工，应遵循"先惩后奖、快罚慢奖"的原则。"先惩后奖"意味着管理者在激励下属时，应先进行必要的批评和惩罚，随后再进行奖励和表扬。这种"先抑后扬"的方式更容易赢得下属的好感。如果先给予表扬和奖励，再进行批评和惩罚，那么先前被奖赏的喜悦可能会迅速消退，下属内心的体验就会非常糟糕。

而"快罚慢奖"说的是管理者在惩罚和批评下属时，应该迅速而果断，能一次性完成就不要拖拉；在奖励和表扬下属时，要善于持续而渐进地进行，使下属能够持续感受到被奖励的愉悦。如果管理者不太擅长运用奖惩策略，只知道奖励员工，而不进行必要的惩罚，下属可能会变得消极怠工，认为工作与否、工作表现好坏都无关紧要，从而逐渐降低工作热情。

王总是某企业的经理，他性格和善，在员工管理上更喜欢应用正面的激励方式，主要方式就是不断加薪。为了留住人才，无论节日大小，王总都会慷慨地发放各种福利和奖金。

对于销售主管刘坤，王总十分青睐，甚至连他的生日庆祝活动都是王总亲自操办。按理说，受到老板如此重视的刘坤应该全力以赴地工作。然而，正因为王总对他的过度重视和频繁奖励，刘坤反而对奖励失去了期待和热情，对待工作开始敷衍了事，提不起兴趣。

而公司另一部门的主管郭嘉，他的薪资待遇并没刘坤高。他发现就连受到老板宠爱的刘坤都不努力工作，心理便产生了不平衡："连那些高薪的人都不认真工作，每月的薪水少得多的我，又何必那么拼命呢？"于是渐渐地，公司的大部分员工在上班时间上网聊天，真正用心工作的人寥寥无几。

王总这才意识到问题的严重性，然后开始调整管理策略，由过去的温和激励转变为严厉的批评和惩罚。他不仅对刘坤提出了严肃的警告，而且扣除了他的季度奖金。然而，令人遗憾的是，刘坤并没有珍惜王总过去对他的厚爱，反而在半个月后提出了离职。更令王总痛心的是，刘坤在离职时不仅泄露了公司的技术机密，还挖走了公司的几位销售精英。就这样，一个原本运营良好的公司差点被搞破产。

从上述案例中我们可以看出，单纯地进行"非奖即罚"的管理方式并不可取。要想真正有效地管理下属，并让他们一直保持忠诚，管理者应当采取"先苦后甜"的激励策略。也就是说，先给予员工一些挑战或批评，随后再给予奖励，使下属在经历先罚后奖的过程中，真正感受到从困难走向成功的甘甜。而对于那些表现优秀的员工，在奖励时也不能一次性把好处全给完，可以运用一些奖励技巧，达到更好的激励效果。

　　某企业的销售主管在一年中取得了令人瞩目的销售业绩。年终时，总经理决定根据他的表现给予十三万元的奖金。然而，总经理并没有直接一次性支付这笔奖金，而是用一种特别的方式来颁发。

　　他把销售主管叫到办公室说："因为你今年的销售业绩非常出色，公司决定奖励你十万元。"听到这个消息，销售主管喜上眉梢。但总经理并没有就此打住，他进一步询问销售主管："这一年里，你陪伴妻子的时间有多少？"销售主管有些意外，回答说："我在家的时间不到十天。"总经理感慨道："你妻子真是辛苦了。"说着，他递给销售主管一万元，并说："这一万元是对你妻子的奖励，感谢她支持你的工作。"

　　接着，总经理又问起销售主管的孩子："你的孩子多大了？你平时有时间陪他玩吗？"销售主管回答："我儿子今年 6 岁，但我平时很少有时间陪他。"总经理再次拿出一万元交给销售主管，并说："这一万元是给你孩子的，请替我告诉他，他有一个非常棒的父亲。"此时，销售主管已经被深深打动。

　　总经理的关心并未止步。他继续问："你今年和父母见过几次面呢？"销售主管有些难过地回答："我很少有时间去看望他们，只是打过几次电话。"听到这里，总经理又拿出一万元给销售主管，并说："这一万元是给你父母的，感谢他们为公司培养了如此优秀的人才！"这番话让销售主管感动得流下了眼泪。

试想，如果总经理把十三万元奖金一次性交给了销售主管，恐怕难以达到如此显著的效果。同样的奖金，通过运用一些小小的技巧来颁发，便能产生翻倍的激励效果。这样的做法不仅会让销售主管对公司更加忠诚，也会激励他更加努力工作。这无疑是所有管理者都渴望达到的目的。

然而，必须说明的是，这种激励方法并不适用于所有员工。对于那些自觉性强的员工，给予他们适当的奖励和认可，确实能够激发他们的积极性和创造力。但对于自觉性较差的员工，这种方法可能就不那么奏效了。在这种情况下，管理者需要采用其他更为严格的激励策略，例如适当给予批评和指正，促使他们改进和提升。

此外，即便是自觉性强的员工，工作中也难免会有懈怠的时候。这时，管理者就需要敏锐地观察下属的情绪变化，一旦发现消极情绪，就可以及时给予必要的引导和帮助。有时候，适时地给予一些"黄连汤"（即批评或挑战），帮助他们正视问题、克服困难，也是非常有必要的。

高明的管理者会巧妙运用手里的 "甜头"和"黄连"。

他不会让下属一直喝黄连，更不可能让下属一直吃甜头。而是灵活运用黄连和甜头，让下属的工作情绪一直处于高涨状态。

4.物质激励，不是最好的方式

物质激励，重要但不是唯一的。

只靠物质激励，不过是雇佣兵罢了。

好的激励，是让员工像沉迷王者荣耀一样沉迷工作。

奖励员工越走心，激励效果就越好。

奖励方式越丰富，带动效果就越棒！

有一位喜欢安静的老人，选择了市郊作为他的居所，然而一群孩子的欢声笑语时常打破他生活的宁静。他内心虽然不满，却不愿直接驱赶这些孩子，以免适得其反。于是，他巧妙地对孩子们说："有你们陪在我身边，我每天都过得非常开心。为了表达我的感激，我决定每天给你们每人五块钱。"孩子们听了都很高兴，欣然接受。过了几天，老人对孩子们说："很抱歉，我最近的开销有些大，以后可能不能给每人五块钱了，只能给一块钱。"孩子们虽然有些失望，但还是接受了。又过了几天，老人再次对孩子们说："真的很抱歉，我现在的经济状况更差了，以后每天只能给你们每人一毛钱了。"这次，孩子们非常不满，他们愤怒地说："这么少的钱，我们再也不来了！"就这样，老人用智慧的方式解决了困扰他的事情，重新找回了他的宁静生活。

当老人逐步减少对孩子们的奖励时，孩子们感到自己的利益受到了损害，所以，他们失去了继续陪伴老人的动力。在孩子们看来，他们之所以愿意陪老人玩，主要是因为有物质上的激励。因此，当激励减少时，他们自然会感到不满和愤怒。老人巧妙地运用了物质激励的反激励策略，成功地达到了自己的目的——让孩子们不再打扰他的宁静生活。

在团队管理实践中，单纯运用物质激励无法达到最佳的激励效果。如果物质激励没有使员工满足，甚至还会起到反作用。特别是一旦管理者给予员工的物质激励不如之前多时，员工会表现出不满，消极怠工。所以，管理者应精通并灵活运用各种激励手段，从多个维度激发员工的积极性，推动他们为团队的发展贡献力量。激励不是孤立存在的，它深深地嵌入在管理者的每一个决策和行动中。根据行为科学的观点，人的动力来源于那些尚未得到满足的需求，而已经满足的需求则主要带来满足感。换句话说，正是那些尚未达成的目标或尚未获得的成就，成为我们前进的动力。当我们因微小的成就尝到甜头、受到鼓舞时，往往会激发出更大的潜力和动力，去追求更为卓越的成就。

在工作实践中，当员工的个人能力相对固定时，其工作成绩的优劣往往取决于所受到的激励程度。因此，灵活运用多种激励手段，对于提升整体激励水平至关重要。而激励机制的有效性，关键在于管理者采用的激励方法是否能够精准满足个人的内在需求。主要的激励手段包括以下几种：

（1）物质激励

通过满足个人的利益需求，可以有效激发人们的积极性和创造力。在奖励机制中，我们应给予成绩卓越的员工嘉奖，确保奖励的针对性和差异性。若采取普惠式的奖励方式，可能会助长那些表现不佳者的惰性，还可能会打击优秀者的积极性，从而削弱整个激励体系的实际意义和效果。

（2）精神激励

通过充分满足个体对于自尊、自我成长与自我实现的内心渴望，我们可以在更高层次上激发他们的工作热情与积极性。在精神激励方面，我们可以采用目标设定、荣誉授予、情感交流、信任赋予以及尊重表达等多种手段，全方位激发员工的内在动力，推动他们为团队的发展贡献更多力量。

（3）任务激励

让每个人根据自身的才能和潜力承担相应的重要职责，同时公司应提供充足的机会，支持个人的成就追求和职业发展，从而满足他们内心深处对事业成功的渴望和成就感。

（4）数据激励

数据激励作为一种方法，主要是通过数字对比的方式，直观地展示每个人的行为结果，从而激励先进者继续努力，也鞭策后进者迎头赶上。

（5）强化激励

对于积极正面的行为，我们应给予强烈的肯定与鼓励，即正强化，以确保这种行为能够得以持续；而对于不符合期望的不良行为，应予以否定与适当的惩罚，即负强化，使个体能够深刻反思并避免重蹈覆辙。

激励机制正是通过这种反复强化、不断增强个人行为，促进符合管理者期望的行为发生，从而推动整个团队不断发展壮大。

5.法要责众，不迁就任何犯错群体

自古以来法不责众，集体犯错不叫犯错。

那就是对错误的放任自流，渎职、懦弱、愚昧。

集体腐化相较于个人腐化，其破坏力更为巨大。

虚假的多数不足惧，真理之光将破晓，孤立之刻，仅为晨曦前奏。

错误则必须受到惩戒，不论支持这一方的人数多与少。

社会上流传着一句俗语"法不责众"，意思是当某种行为在群体中广泛存在或成为普遍现象时，即便该行为是违法或不合理的，法律也不能处罚。尽管从法律的角度来看，并不存在真正的"法不责众"现象，但在实际的管理工作中，这种观念确实在一定程度上对我们产生了影响。

很多人都有这样的烦恼：有些行为虽然不被规定允许，但大家都这么做，所以我们只能宽容对待。这样的做法，会给那些原本遵守规矩的员工传递一个信息：既然大家都这么做，又不会受到惩罚，那我又何必独守原则呢？于是，原本积极的工作态度逐渐转为消极应对。有时为了自我安慰，我们甚至告诉自己："自古以来，群体行为难以追究，集体犯错似乎就不再是犯错了。"

"法不责众"的观念在人们的心中确实根深蒂固，历史上也曾被统治者用作权宜之计。现代社会倡导民主，多数人的意见往往会被看作是正确的，这在某些情况下似乎是合理的。但是，当这个"多数"存在严重问题时，管理者还不管理，那就是不负责任、胆小怕事和愚蠢了。

如今，社会进步了，法治观念也更深入人心，执法方式也发生了深刻的变革。如果我们仍然秉持"法不责众"的旧观念，那无疑会沦为时代的笑柄。我们费尽心思制定那些制度，目的就是为了合理约束员工的行为，确保组织能够正常运行。如果这些制度最终沦为摆设，后果将不堪设想。

所以，我们在管理员工时，应当一切以真理为准，真理所在即正义所在，正义应得到嘉奖，错误则必须受到惩戒，不管支持哪一方的人数多与少。当然，有些不怀好意的人可能会利用群众的盲从，以"多数"之名提出无理要求。面对这种情况，我们可能会感到孤立无援，但这并不可怕。我们无须对这种虚假的"多数"妥协退让，因为真理的光芒终将驱散迷雾，孤立只是暂时的。

某工厂内发生了一起盗窃事件，一名工人私自盗取了厂里的木材。尽管数量不算巨大，但也是偷盗行为。由于这名工人是木工，平时和许多人都有着良好的人际关系，他们纷纷为他求情，希望可以从轻发落。然而，厂长坚决主张按照厂规进行处理。

有人试图以"少数服从多数"的原则来游说厂长，但他义正词严地回应："厂规是经由厂里大多数员工共同讨论并通过的，如果要服从多数，那就应该服从这个真正的多数。"

起初，厂长也陷入了孤立的境地，但随着时间的推移，越来越多的人开始理解和支持他的决定。自那件事之后，工厂内偷盗财物的情况几乎没有了。

再举一个例子，有一家商店店面不大，但地理位置优越，原本应该生意兴隆，然而由于经营不善，这家店连年亏损。当新的管理者上任后，他下定决心要进行彻底整顿。

他制定了一套完善的规章制度，这一变革无疑打破了营业员们过去逍遥自在的工作状态，所以遭到了强烈而广泛的反对，新管理者一度陷入孤立的境地。但是他坚守原则，坚决执行新规定。经过不到两年的努力，小店成功扭亏为盈。

当颁发年终奖金时，当年对新规定持最坚决反对意见的女员工感慨地说："看来，新规定确实更好。以前上班打毛线，一个月最多只能完成一两件，现在这些奖金足够我买好几件羊毛衫了。"

让我们想一想，如果上述两位管理者都选择了屈从于大多数人的意见，对问题视而不见、放任自流，那么后果将会如何呢？毫无疑问，企业的歪风邪气将会愈演愈烈，偷盗行为将愈发猖獗，懒散现象也将迅速蔓延，规范和纪律将形同虚设。到了那个时候，作为领导者的他们也将难逃其责，威信荡然无存，那才是真正的陷入孤立无援之境。所以，我在这里要提醒大家两点：

（1）法可以且应当责众

显而易见，规章制度的执行在某些情况下会与员工的个体利益产生冲突。如果我们选择"法不责众"，那么实际上就是将解决这类冲突的重任，完全置于个人判断之上，而非依赖于既定的规章制度。这种做法很可能会导致下属对团队的规章制度产生疑虑，进而动摇已经建立起来的秩序与制度稳定。相反，我们只有始终坚持"依法办事"的原则，才能确保规章制度的威严性和不可动摇性，从而维护团队的稳定和高效运行。

（2）法应善于责众

古希腊杰出的哲学家、科学家、教育家亚里士多德曾深刻指出："法治的双重内涵在于，既要确保既有法律得到广泛遵从，又要求这些法律本身必须是公正合理的。"换言之，我们应当做到"良法善治"。这不仅意味着我们需要坚决维护并严格执行规章制度，更要求我们注重责众的方式与策略，力求将潜在的伤害和团队不稳定因素最小化。毕竟，所有制度的设立都应"以人为本"，目的是促进员工的全面发展和团队的和谐稳定。

大家应当明白一点，每一位管理者在制订策略时，都难免会遇到反对者。其中既有对新策略缺乏深入了解的人，也有纯粹为了反对而反对的人。当我们在反对声中孤军奋战时，必须坚定立场，不能妥协，更不能犹豫不决。我们需要有坚定的意志去承受被孤立的情形。

对于那些不了解新策略的人，我们完全可以用清晰明了的语言向他们解释，用真挚的情感去感染他们。只要他们能够理解并认同我们的观点，他们很快就会从反对者转变为我们的支持者。但是对于那些纯粹为了反对而反对的人，无论我们如何努力解释和劝说，恐怕他们也不会有所改变。所以，我们不必过于在意他们的看法，只需坚定地按照正确方向行事即可。

　　总的来说，如果我们期望团队形成真正和谐的氛围，保持积极向上的风气，捍卫团队的制度，那么首要任务便是摒弃"法不责众"这一过时的观念。我们必须加大依法治理的力度，对违反团队制度的行为予以严厉惩处。无论违规者是谁，也不论涉及人数的多少，都应一视同仁，决不纵容姑息。不能因为涉及人数众多而心生怜悯、手下留情，更不应置之不理，任由那些心怀不轨者借"集体"之名，谋取个人私利。

第七章

抓住人性，笼络人心，让不同特点的员工听从指挥

1.对恶意竞争的员工要坦然面对

人品是一个人的最高学历。

好人品的员工是企业的维生素，差人品的员工会要了公司的命。

不要硬碰硬，要以柔克刚，把对方打来的拳头，用"化骨绵掌"化解。

还能转变的员工，能帮就帮，屡教不改者，尽早清除。

在日常工作中，我们不难发现身边总有一些充满竞争意识的人。他们渴望脱颖而出，这种上进心本身是值得肯定的。但是当它转变为不择手段地追求个人目标时，管理者就必须及时出手制止了。

对于那些通过自身能力和努力取得成就的员工，我们自然应该给予肯定和鼓励。但是有些员工急功近利，使用不正当竞争手段，甚至不惜以伤害同事或下属为代价来换取成功时，这种现象就必须得到遏制。

杰克是个性格好强，竞争意识强烈的人。业务经理安娜安排他与彼特共同负责拟订一份产品的销售策划方案，虽然他们是合作完成的，但每个人都要承担不同的工作内容，且方案会同时署上两个人的名字，最终提交给经理审核，并在部门会议上讨论。显然，上级这么做是为了考察他们两个人之间的合作与协调能力。

但是，杰克认为两人之间不是合作，而是竞争关系。相比之下，彼特则更加看重合作。他认为，搭档之间应该相互协作，而不是争夺功劳。如果另一方以不公平的手段争功，他也有必要采取相应的行动来维护自己的权益。

正如预料的那样，杰克开始了他的一系列奇葩操作。他在办公室的同事面前大放厥词："彼特绝对无法按时完成工作，除非有我出手相助。"当彼特需要他提供一些相关资料和信息时，杰克总是找各种借口推脱，不配合。然而，当杰克需要向他人索取资料时，他却蛮横无理，不达目的誓不罢休。

杰克的这种行为令彼特深感愤慨。每当想到杰克那些不正当的竞争手段，彼特就感到心烦意乱。但是工作中又不得不和杰克打交道，这给彼特带来了沉重的心理负担。为了解决这个问题，彼特决定向经理安娜寻求帮助。

安娜从其他员工那里了解了相关情况，帮助彼特深入分析当前的困境。并为彼特提出了以下几项建议：

（1）不要发脾气

发脾气会给在场的同事留下不好的印象，让他们误以为你缺乏修养和自制力。如果上司目睹了这一幕，他们可能会质疑你的情绪管理能力，觉得你在面对挑战时不够成熟和稳重。更糟糕的是，这种行为还可能会让上司觉得你过于斤斤计较，缺乏大局观。从长远来看，发脾气这种行为无异于自毁前程。

（2）坦然面对攻击

面对杰克那些不正当的竞争手段，你不能表现出任何的胆怯和退缩。你要表现得泰然自若，就像什么都没有发生过一样。这样，杰克就无法看出你内心的恐慌、胆怯或失落，也就无法确认自己的攻击是否有效。如果你总是显得过于紧张或不安，杰克只会认为他的攻击奏效了，从而加大攻击的力度，给你带来更大的困扰。所以，保持冷静和自信是应对这种情况的关键。

（3）保持工作热情

你要时刻掌控自己的工作，不给别人攻击的机会。并且要积极采取主动攻势，给杰克施加一定的压力，让他明白一旦轻率地发起攻击，就可能要承担严重的后果。同时，你也要做好自己的工作，确保没有疏漏和错误，让杰克无法找到理由来指责你。这样，你就能在竞争中保持领先地位，确保自己的利益不受侵害。

对于对方的每一次攻击，你都应予以坚决的反击。可以采用幽默诙谐的方式，用冷嘲热讽的口吻来戏弄对方，让对方明白你绝对不是任人拿捏的"软柿子"，而是有着坚定立场和反击能力的对手。从而捍卫自己的权益，并在心理上给对方造成一定的压力，使对方不敢再轻易挑衅。

那些有争夺倾向的人往往存在一个误区，他们认为自己的强大会导致他人的弱小。所以，面对这类人，我们绝对不能让他们误以为我们是软弱的。即使我们真的在某些方面比较弱，也要让自己在表面上看起来强大。

2.对自己有意见的员工要团结

容忍冲突和表达不同的观点，才是一个团队应该有的
样子。

管理者要善于听取他人意见，而且能择其善者而从之。

可以保留自己的意见，但是一定要往同一个方向去努力。

善于与分歧者沟通，才能进步。

要尊重别人的意见，学会在不同的声音里求同存异。

在管理工作中，矛盾和摩擦是客观且无法避免的，误会的
产生也是难以预料的。毕竟，每个员工对于管理方式的接受程
度都有所不同。无论这些意见是否准确，员工都可能会提出自
己的看法，甚至可能进行抗议。身为管理者，绝对不能采取打
击或报复的方式来应对这些不同的声音。这样的做法只会削弱
员工对你的信任，甚至可能会引发更大的矛盾。

管理者应该积极团结那些对自己有意见的员工，树立管理

者在员工群体中的威信，从而进一步提升个人魅力。

管理者要想真正地团结那些持有不同意见的员工，首先就要做到以开放、公正的态度去审视和接纳他们提出的意见。在很多情况下，"无意见"并非意味着一切顺利，反而可能隐藏着更大的不满和疑虑。

比如，某经理与一位能力出众的员工进行对话时，这位员工原本可以针对团队的工作项目提出宝贵的建议，但由于他不认可经理的管理方式，最终只是简单地回复了"无意见"三个字。这样的"无意见"实际上是一种很大的意见，如果长期忽视，不仅会损害团队的凝聚力，还可能会降低工作效率。

身为管理者，首要任务是调整自身的心理状态。对于与自己持有不同意见的员工，我们应心怀感激，感激他们为我们提供的意见与帮助。因为在工作中，我们难免会有所疏忽，而这些疏忽在自己眼中可能并不显眼，但在他人眼中却可能颇为致命。当员工向我们提出警示时，我们应及时采纳并做出调整，在问题尚处于萌芽状态时便将它消除。

通过倾听员工的意见，我们能够更加清晰地认识到自身的不足，进而推动工作朝着正确、健康的方向发展。从这个角度来看，我们确实应该对那些敢于表达不同意见的员工表示感谢。他们的存在，无疑是我们成长道路上的重要助力。

作为管理者，我们需要敏锐地捕捉到员工的情绪变化，并能从中发现问题。对于那些"无意见"的员工，我们更应深入探究其背后的真实想法，以善意对待他人。同时反思自己的不足，从而营造一个更加积极、和谐的团队氛围。只有让更多的员工关心自己的部门和集体，才能使"有意见"的员工数量增多，这样的环境才能推动工作顺畅进行，从而提升工作效率。

管理者无须惧怕员工对自己提出意见，而是要学会妥善应对这些意见和分歧。

首先，身为管理者，应具备宽广的胸怀和宏大的气度。特别是被下属误解时，更要有足够的包容心，不要过分纠结于琐碎之事。其次，上下级发生争执和矛盾时，通常下级会背负更大的心理压力。在这种时候，管理者应主动与下属沟通，减轻员工的心理负担，化解矛盾，而不是等待员工来认错。再次，当那些持有异议或曾对自己有成见的员工遇到困难时，管理者应给予关心和支持，促使员工被感化。最后，对于那些曾经反对过自己，但已经认识到错误并改正的员工，只要他们确实具备真才实学，管理者就应该给他们平等的任用机会，激发他们的工作积极性。

3.对膨胀的员工适时施压

下属不服你，那你就不用他，把他供起来。

利用你的权力，打压他的气焰，挫一挫他的锐气，灭一灭

他的威风。

别和下属走太近，会让你的短板暴露的风险增大。

适当装傻充愣，把问题抛给下属。

对下属不能一视同仁，针对性施压，对症下药。

每个管理者都必须面对一个不容忽视的事实，那就是在团队中，虽然大部分成员都忠心且勤奋地工作，但总有一部分下级难以管理。用"难以驯服"和"调皮捣蛋"来形容这部分人也不为过。他们消耗了管理者的大部分精力，同时也拖累了整个团队。因此，"妥善应对并转化这部分人"成为管理者必须完成的任务和挑战。

尽管"调皮捣蛋"的下级只是少数，但若不妥善管理，他

们可能会像病毒般迅速扩散，使问题越来越严重，不良风气甚至可能会侵蚀整个团队。因此，即便"调皮捣蛋"的行为只是个别现象，我们也应该重视，绝不能掉以轻心，务必采取有效措施，及时遏制这种不良风气的蔓延。

王海是某物流公司的经理，手下员工的教育背景都不相同，既有受过高等教育的专业人才，也有学历不高的拉货司机。这些员工在学识、经验和性格上有着极大的差异。然而，王海却能将他们管理得井井有条，他分享了自己的管理经验，特别提到了管理学中的"骆驼理论"。

人的某些特性与骆驼颇为相似。当骆驼的驼峰上承载着重物时，它们行走起来才会更加平稳且有规律，并会跟随领头的骆驼一路平稳前行。即使遭遇沙暴，背负重物的骆驼也不会轻易被风所驱使而逃离。而那些没有背负重物的骆驼，却成了最难管理的对象。它们四处张望，寻找小草，仿佛在"欣赏风景"，追逐异性，没有严肃对待工作。

如果上司总是迎合下级的个性，那么下级往往会自视过高，认为自己无人能敌，进而无视规章制度，随意行事。当上司严格对待他们时，下级才会收敛起浮躁的心态，开始踏实地工作。所以，对于管理者来说，绝对不能一味迁就员工。

对于个别难以管理的员工，管理者可以采用高压手段，绝不手软、毫不姑息。以此作为警示，防止其他员工跟风。

然而，在管理过程中，管理者不能完全采用高压手段压制下级。通常情况下，针对员工存在的不同问题，管理者需要灵活采用不同的策略。例如，对于故意拖延工作、怠工或工作效率低下的员工，可以通过设定明确的工作定额，并将工作量与奖金直接挂钩，以此激励他们提升工作效率。而对于那些偷工减料、贪图小利、损害公司利益的行为，管理者则需要结合监督与奖惩措施，确保员工遵守规章制度，共同维护公司的利益和团队的和谐稳定。

4.对殷勤的异性员工要保持距离

异性员工献殷勤，领导必须有态度。

不被殷勤所迷惑，明确工作与个人情感的界限。

了解殷勤背后的动机，对症下药，殷勤自会却步。

行得正坐得端，保持距离，不怒而威，没人敢献殷勤。

对于明确暗示过，依旧我行我素的员工，可调离或辞退。

在工作中，有些异性下级会对管理者表现得过于殷勤。面对这种情况，管理者需要保持清醒的头脑，与对方保持距离。如果对方是个有分寸感的人，那么他应该能够察觉到这种行为的不当之处，从而停止过分献殷勤的举动。

张经理是销售部的新任经理，他就遇到了这样的问题。他的秘书对他的态度似乎超出了工作范畴，每日的关心和照顾让他感到很不自在。如果直接指责秘书的做法又可能会伤害到她的自尊心，破坏上下级之间的和谐氛围，进而影响到工作的正常开展。所以，张经理感到十分苦恼。

如果管理者需要明确拒绝下级的不当行为，一定要注意方法，确保既传达出拒绝的意图，又不伤害对方的自尊。直接而粗暴地批评是不可取的，更不能因一时冲动而伤害下级。

张经理在应对秘书的过分殷勤时，可以用幽默且不失尊重的方式提醒对方。比如：他可以微笑着对秘书说："你这么热心，我都担心你月底会找我多要一份工资呢！"或者"我可没打算请你当我的私人助理，有些事你还是别插手为好，不然真耽误了工作，我可是要扣你奖金的哦！"用这样轻松且带有善意的口吻表达，对方既不会感到难堪，也能理解张经理的真实意图，从而自觉调整自己的行为。

下面给大家列举几个可操作的方法：

（1）比较式拒绝

拒绝他人，尤其是这样的下级，确实是一件棘手的事情。但通过巧妙地运用比较法来间接表达拒绝，往往能使对方更容易接受。比如，有些秘书对异性领导太体贴了，领导在专注处理重要文件时，秘书却总是询问是否需要咖啡，或者频繁地打听领导的工作进度。

在这种情况下，管理者可以委婉地表达："我觉得张秘书的工作态度很值得赞赏，她总是那么安静、专注。我们都需要向她学习，保持工作的专注和高效。"

通过表扬其他秘书，管理者实际上是在暗示那些过于殷勤的秘书，他们的行为打扰到了自己工作。这样的比较法既避免了直接冲突，又能让对方心领神会，理解管理者的意图。同时，管理者也没有过分暴露自己的不满，保全了下级的面子，使他们能够主动认识到自己的问题，并积极改正。

（2）模糊式批评

某单位为严肃劳动纪律，召开了员工大会。领导在会上强调：近期，我们在劳动纪律方面整体表现不错，但确实存在个别现象需要大家注意一下。比如，有的员工偶尔会出现迟到、早退的情况，也有部分员工在上班时间总是闲聊。

这里，领导采用了模糊的表达手法，使用了"近期""整体""个别""有的""也有部分"等词语，既避免了直接点名批评的尴尬，又委婉地指出了存在的问题。这样的处理方式尊重了员工的个人尊严，又达到了提醒和教育的目的。

对于那些总是对异性领导过分殷勤的下级，我们也可以采取类似的模糊式批评方法。比如，可以私下里对他们说："最近我注意到，有些同事在与异性领导相处时太热情了，这可能对我们的工作有影响。我希望大家都能保持适当的职业距离，专注于工作本身。"这样的说法既照顾了员工的面子，又有效地传达了领导的意图。

对于那些过分献殷勤的下级，你应当明确指出这种行为会损害他个人的职业形象，也会影响公司的正常秩序。同时，你需要为他指明一条正确的道路，教育他应该依靠自身的能力、学识和人格魅力来赢得领导的青睐。如果他能够真心悔过，并在工作中取得一定的成绩，你应当给予适当的鼓励，以激发他继续向好的方向努力。

在批评下级时，很多领导往往只知道指出错误，却未能明确告知下级应如何去做才是正确的。这不能帮助下级调整行为方式，还可能会给下级带来心理压力，反而不利于问题的解决。

所以，在批评下级的同时，我们也应该指导他们如何正确行事。这样的批评才更有效果，让下级心悦诚服地接受，并根据你的建议主动改正错误。

5.对桀骜不驯的员工要平等对待

我们不是要消灭桀骜不驯，而是要控制，因为它可能会带来激情。

桀骜不驯的员工最讨厌的就是服从某人。

不随便贴标签，避免对立，让双方更加对抗。

让对方试错，比单纯的说教更有效。

言传身教，以身作则，带着他去做正确的事，比什么都重要。

战场上，军令如山，而服从命令是军人的天职。

领导带领大家决战商场，也要确保员工无条件地服从，绝不能软弱。

面对难以驯服的员工，管理者应当保持平和的心态，与他们保持一个适度的心理距离，以免发生不必要的冲突。那么，在心理上，人与人之间应该保持怎样的距离，才算恰到好处呢？或许，我们可以从"刺猬理论"中得到启发。

刺猬的身上覆盖着像针一样的刺，它们常常以群体的方式生活，形成一个个小团体。在寒冷的天气里，它们会本能地靠近彼此以寻求温暖。然而，由于彼此的刺会刺痛对方，它们又会选择保持距离。但过于远离又无法抵御寒冷，因此它们通常会找到一个合适的距离，既能相互取暖又不会刺痛对方。

这个理论在人际关系中也同样适用。和抱团抵御寒冷的刺猬一样，人与人之间的心理距离也需要保持得当。如果距离过远，可能会让人感到疏离和不安；而距离太近，则又可能会引发摩擦和伤害。所以，只有保持适当的心理距离，才能确保彼此之间的关系和谐稳定，避免不必要的冲突和矛盾。

领导者在管理那些桀骜不驯的员工时，可以应用"刺猬理论"来保持适当的心理距离，既不会伤害对方，又能和谐共处。

在任何团队中，都可能会有一些难以驯服、管理的成员。面对这样的员工，很多管理者往往会觉得束手无策，而选择不给或少给他们分配工作。这种做法会加剧员工的散漫，从而形成僵局。更为严重的是，高层管理者看到你这样处理员工，会认为你缺乏统御能力，这无疑会对自己的职业发展构成重大威胁。

一些员工之所以难以管理和指挥，往往有深层次的原因。可能是因为他们性格傲慢，也可能是因为他们心中怀有不满，又或者是管理者下达的指令不够明确或恰当。总之，关键在于找出问题的根源，然后有针对性地去解决，这样才能使他们更好地为公司贡献自己的力量。

通常，管理者觉得下属难以驯服，主要是从以下几点判断的：

首先是不够了解。如果管理者对下属的了解不够深入，他们通常会根据对方的气质、性格特征、家庭背景以及日常习惯等因素，推断出这个下属可能难以管理。其次则是下属反抗。当员工对领导的建议提出反对意见，或是无视、批评上司，甚至表现出明显的反抗态度时，管理者往往会认为这样的下属难以驾驭和管理。

很多时候，我们觉得某个下属难以管理，其实是因为我们自身带有先入为主的偏见。如果我们能够摒弃这些成见，就会发现原来他们并不难相处。当发现下属对我们有误解，或者因为他们的偏见而认为我们难以接近时，我们应该主动与他们沟通，消除彼此之间的心理障碍。

正所谓"人心各异，如同面孔"，每个人都是独一无二的。领导者如果能够意识到这一点，就能够更坦然地面对那些难以指挥的下属，而不会轻易地给他们贴上"难以管理"的标签。

想要管理好桀骜不驯的员工，可以从以下几方面入手：

（1）建立平等的关系

究竟什么是管理？管，顾名思义就是控制，如果你想驾驭或支配对方，那就成了一个权威者，而对方则被迫成为服从者。这样权力关系自然就不再平等。作为一位管理者，真正的领导力不是只建立在控制与顺从之上。相反，它追求的是更高层次的平等与伙伴关系。要想与新员工构建平等关系，你就不能随意对他们发号施令。

我所强调的平等主要指人格层面的尊重。每个人都有表达自己观点的权利，即使我不同意你的观点，我也会全力捍卫你说话的自由。这种态度，就是互相尊重的体现。

作为管理者，如果一味地摆出高高在上的姿态，容易让员工觉得你在装腔作势，不仅无法建立真正的信任，还可能会破坏团队的凝聚力。与这种员工交流时，分享一些个人的理想和追求，适当展示自己脆弱的一面，用真诚和人性化的方式与对方沟通，往往更能赢得他们的尊重和信任。

（2）给予试错的机会

面对那些固执己见、难以说服的员工，单纯告诉他们什么是正确的、什么是错误的，以及哪些计划可能行不通，往往效果有限。因为他们深信自己的观点是正确的，对外部意见持怀疑态度。

一个更为有效的策略是实施风险控制，在可控的范围内给予他们试错的机会。通过这种方式，员工们可以在实践中验证自己的想法，从而更直观地了解哪些方法是可行的，哪些可能存在风险。亲身经历往往比单纯的口头说教更具说服力。

（3）避免对立

在处理这类员工的问题时，我们应当时刻保持冷静与客观，避免带有任何先入为主的情绪。因为一旦我们心中有了情绪，就很可能会戴着有色眼镜去看人，无论他们做什么、说什么，都可能会被我们解读为负面信息。这样，我们就很容易与他们形成对立关系，会出于自我保护的本能，采取一系列不利于关系发展的行为，最终导致双方关系紧张甚至破裂。

（4）适度地展示你的能力

那些桀骜不驯的员工，更容易折服于管理者的能力，而非单纯的权威。他们内心深处渴望追随那些真正有实力的人。所以，如果管理者能够展现出自己的能力，这些员工将更愿意跟随其步伐。

实际上，管理者期待员工能够体谅自己的立场和难处，往往只是一种理想化的愿望。在现实中，尤其是面对桀骜不驯的员工时，这种期望几乎不可能实现。这类员工往往具有强烈的个性和自主意识，他们最不愿意做的就是盲目服从他人的意志。如果管理者采取压迫或强制的手段，往往会激起他们更强烈的反抗。这种反抗又会进一步促使管理者加大压迫力度，从而形成恶性循环，导致矛盾不断升级。

既然单纯依靠权威和压迫无法有效管理这类员工，那么管理者就应该尝试采用更加理性和人性化的方法。理解他们的立场和需求，尊重他们的个性和选择，以理服人、以德服人、以能力服人。

6.对"恃才傲物"的员工要适当引导

员工恃才傲物，千万别捧着、哄着、供着。

一味地放纵和忍让，只会让他们为所欲为。

给一个大棒，再给一个胡萝卜，听话才有好果子吃。

用其所长，切忌打击压制。

有意用其短，或找个高手，挫其傲气。

敢担责任，以大度容傲才。

有的下级因为才华出众而自视甚高，甚至轻视包括领导在内的所有人。然而，他们掌握的关键技术或独特技能对团队而言又是不可或缺的。所以管理者需要深入了解这类下级的个性特点，并学会引导他们。

作为领导者，一定要具备宽容之心。对于那些对你不够尊重的下级，你应该以冷静和宽容的态度来对待他们。这不仅仅是为了在他人面前表现出你成熟稳健的形象，更重要的是，你的行为本身也会成为对他们的一种教育。你的宽容可以让员工认识到自己的不足，并引导他们走向正确的道路。

当富兰克林·罗斯福还是一位年轻气盛、心怀壮志的年轻人时，他曾在海军的一个部门担任副官。他的直属上司是一位年长却充满智慧的老者，他总是用微笑包容罗斯福的傲慢无礼，甚至被罗斯福叫作"老古董"，他也从不计较。这位上司对罗斯福的每个意见都会详加考察，并巧妙地加入自己的想法后加以采纳。这种态度让罗斯福的自信逐渐增强，对工作也投入了更多的热情。随着时间的推移，他们的合作越来越默契，老上司依旧保持着和蔼的态度，而罗斯福则逐渐摒弃了过去的激进与傲慢。他感到一种力量在悄然改变着自己，但未能洞悉其中的真谛。多年后，当他已经不再是那个年轻气盛的小伙子时，时常回想起那段时光，对老上司的无私与豁达深感佩服。同时，他也渐渐明白了老上司的良苦用心。

一个人有时候会比较狂傲，也不是全然不可取，甚至在某些情况下，狂傲也是一种优点。但是，如果狂傲演变成了狂妄，就成问题了。狂妄的人往往伴随着不切实际的妄想，他们虽然才华横溢，却自视过高、自命不凡，甚至会认为自己是举世无双、无人能及的天才。对于领导者而言，狂妄的下级，无疑会让人感到头痛不已。如果领导者能够深入了解下级的心理状态，就能更有针对性地采取有效策略和下级进行交流。

（1）充分发挥其优势，切勿忽视其重要价值

那些自恃才华出众而显得傲慢的人，往往在某一方面有着独特的才能，否则也不能称之为"人才"。因此作为领导者，在察觉到下级的不足时，不能因一时不满而放弃他，应该根据他的优势合理安排工作。

如果没有妥当管理这类员工，可能会激起员工的逆反心理，使他产生更强烈的抵触情绪。在关键时刻，他还会故意与你作对，妨碍你的工作。所以，每当遇到这类人才时，领导者应该学习刘备三顾茅庐的精神，为了整个团队的利益而非个人的得失，去求贤、去接触，即使放下身段，也不会失去尊严。

（2）利用其短处来抑制其傲气

那些狂傲的人，尽管在某些方面有着卓越的才能，但他们仍然有不足之处。所以我们可以巧妙地利用他们的短处，促使他们观察到自己的不足，从而通过自我反省来降低傲气。

也可以故意给他们安排一两项具有挑战性的任务，并要确保他们不易完成。在任务开始前，领导者可以鼓励他们积极面对，并表示即使失败也不会责怪他们。若在规定时间内，他们没有完成任务，领导者仍然可以理解、安慰他们。这样的经历会让他们认识到自己先前的狂傲是错误的，从而做出积极的

改变。

（3）勇于承担责任，以宽容之心容纳傲慢之才

这类员工在工作中往往表现得较为轻率，即便是面对重要且紧迫的任务，他们也可能会显得漫不经心。所以，他们经常会因为疏忽大意而出错。作为领导者，在面对这种情况时，切忌推卸责任或落井下石，应该勇于站出来为部下承担责任。通过此举，可以让他们感受到领导的关怀与担当，感受到关键时刻领导能为自己遮风挡雨。日后，在与领导相处时，他们将不再傲慢无礼，甚至会对领导的意见和建议言听计从。

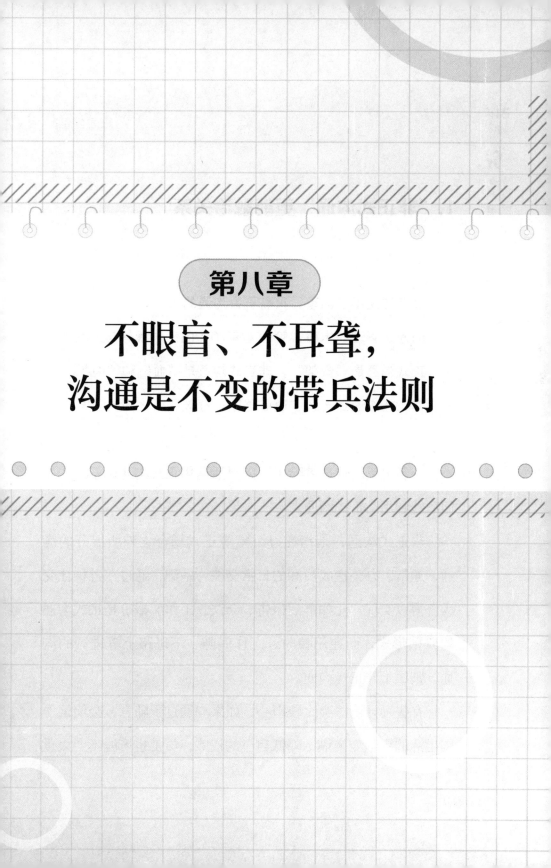

第八章

不眼盲、不耳聋，
沟通是不变的带兵法则

1."非正式沟通"更能融洽关系

没有沟通不了的事，只有不会沟通的人。

沟通是管理的本质，管理者有70％的工作就是与人沟通。

正式沟通是"骨架"，非正式沟通是"血"和"肉"。

非正式沟通是一条"通心路"，打破层级之间的隔阂。

一名出色的管理者除了可以灵活运用正式沟通，还深知如何巧妙利用非正式沟通。

非正式沟通，是指在办公室等正式场合之外所展开的沟通，通常以办公室成员间的日常交往为基础，通过在各种社交场合得以实现。比如书面报告、会议、工作汇报等是正式沟通的典型形式，而在用餐时、工作间隙、下班路上等进行的沟通，则属于非正式沟通。

有些领导可能会比较担心，如果沟通过于随意，会使工作与生活的界限变模糊，降低自己的权威，员工也可能不会太重视沟通的内容，导致沟通效果不佳。但其实非正式沟通所产生的沟通效果，比正式沟通更好。如果你总是一副高高在上的样子，不和员工亲近，反而会让员工觉得你在摆架子，对于提升团队的凝聚力和工作热情都没什么好处，甚至会对团队的工作产生负面影响。

从某种层面来看，非正式沟通无疑是一种卓越的共情沟通方式。因为相对于正式沟通，非正式沟通更为感性。尽管我们在行动时依赖于理性，但在认知和维系关系方面，感性却发挥着不可或缺的作用。采用非正式沟通，可以拉近我们和员工的距离，任何话题都能一起探讨，各抒己见。在这样和谐的沟通氛围下谈论工作，往往能得到最佳效果。

杰克·韦尔奇是"20 世纪最杰出的 CEO"之一。他刚任通用电气公司 CEO 时，公司内部有着严格的等级制度——由上至下分为 8 个层级，多达 350 个经营单位。这种庞大的机构设置，让通用电气公司在激烈的市场竞争中承受了巨大的压力，逐渐陷入了困境。

经过杰克·韦尔奇一系列果断而有力的改革后，通用电气公司的层级精简至三至四个。同时，经营单位的数量也大幅减少，削减了四分之一，减少了十余万份工作。所有的经营单位经过整合，最终形成了 13 个核心业务部门，公司的总资产也出售了近 280 亿美元。

杰克·韦尔奇最为自豪的成就之一，便是他成功建立了非正式沟通机制。通过这种沟通方式，他可以随时随地和员工交流，每一位员工都能感受到他的存在。

对于大多数人而言，让通用电气公司内部沟通变得"非正式"，实际上就是要颠覆传统的管理框架，增进不同层级间的交流互动。即使是基层员工，也能深切感受到自己是在与一位深谙人心的领导者并肩作战，而不是冷冰冰的公司。

举例来说，杰克·韦尔奇每个星期都会突然造访不同的工厂和办公室，与员工或经理们共度午餐时光。他还会亲自书写便笺，并通过传真机发送给工作人员。

杰克·韦尔奇这一系列举动，其实都是为了表达对员工的深切关怀，让彼此从上下级关系转化为更为平等的关系。一位与杰克·韦尔奇紧密合作过的通用电气公司经理曾这样描述过杰克·韦尔奇：他会在办公室里追着你，和你展开激烈的辩论，对你的想法提出疑问。你必须持续反驳，直到成功说服他为止。这时，你可以确信你的方案一定能得到支持。

杰克·韦尔奇曾强调："我们鼓励大家勇于表达不同的意见，全面呈现事实面，并尊重多元化的观点。这是我们解决分歧的有效方式。"他还指出："良好的沟通旨在确保每个人对事实有相同的理解，再进一步制定切实可行的计划。真正的沟通是一种积极互动的态度和氛围，在所有过程中，它最有互动性，旨在创造共识。"

　　"非正式沟通"的独特价值在于，它能帮助你与所有员工建立起共识，一同面对各种挑战。这种沟通方式可以体现你对员工的关心与支持，营造出更加融洽的工作氛围。

2.沟通的目标不是"口服"而是"心服"

　　管理者的最基本能力：有效沟通。

　　"沟"的原则——以最低的成本解决；

　　"通"的逻辑——共情的基础是共赢。

　　立场不同，更要共情。

　　沟通要走心：动之以情，才能晓之以理。

　　领导者的口才固然重要，但言谈举止必须能以理服人，而非用权势压制。所谓以理服人，就是通过呈现事实、阐明道理，使下属能够从中领悟并接受领导的建议，从而按照这些建议行事。在劝导和说理的过程中，领导者应注重以实际例证为支持，避免空洞的言辞、浮夸的陈述和过于宽泛的论述，应当注重实证与说服的实质性，确保每一个论点都有充分的依据，让下属能真正信服并付诸实践。

在日常生活中，说服是一项不可或缺的技能。无论是父母试图说服子女学习钢琴或外语，老师希望学生少看电视，干部让群众遵守规章制度，还是售货员试图说服顾客购买商品，这些情境都涉及说服。说服他人改变原有的观念或行为，虽然具有深远的意义，但同时也是一项极具挑战性的任务。

领导者在向下属阐述自己的观点时，必须善用事实作为支撑，以理服人。关键在于言之有物、论证充分、道理清晰，这样对方的立场便会自然瓦解，比如数据、已发生的实例，或者行业内的规范、标准等。切勿低估这些事实的重要性，因为它们能将抽象概念具象化，让下属真切感到领导观点的可靠性，进而相信领导做出的决策。

在第二次世界大战期间，有一位海军士兵被安排到一艘油轮上执行任务，与他一同前往的还有一位战友。但是当任务下达时，他们非常抵触。因为他们听说在油轮上执勤，一旦油轮遭到敌军鱼雷的袭击，在汽油引发的剧烈爆炸下他们极难生还。这令他们感到无比惶恐与不安。

在得知这两位海军士兵的顾虑后，负责下达命令的海军军官找到了他们，把精确的统计数据拿给他们看。他指出，在被鱼雷击中的一百艘油轮中，有六十艘油轮没有沉没。即便是那些不幸沉没的四十艘油轮，也只有五艘是在极短的时间内迅速下沉的。这意味着，他们将有充足的时间逃离船只。所以，实际上在船上丧生的可能性是极小的。

看完海军军官拿出的数据，两位海军士兵的恐慌才稍微平息，他们欣然接受了任务。

士兵们转变的关键在于军官的说服方式，用具体的事实和数据作为支撑，而非空泛的承诺。军官以实实在在的证据来阐明情况，最终让士兵们心服口服。由此可见，用事实来支撑观点是一种更加有力且科学的论证方式，尤其是准确的统计数字，更具权威性，能让人深信不疑。

在现代企业中，不少领导者在试图说服下属时，往往忽视了以事实为依据的重要性，而是过分描绘宏伟的蓝图，承诺诱人的利益或美好的前景。但是无论他们言辞如何华丽、理由如何繁多，却往往难以真正说服下属。原因很简单，就是下属并没有获得准确的信息，他们听到的只是大话、套话，甚至是毫无根据的空话。这种缺乏实际价值的话语，自然难以让下属真正信服。所以，领导者在说服下属时，应更加注重以事实为依据，用实实在在的数据和实例来支撑自己的观点，这样才能真正赢得下属的信任和支持。

常言有云："有理走遍天下。"事实的力量远胜于任何雄辩之词，以事实为依据的说服方式，无疑是最为有力且有效的。因此，领导者试图说服下属时，必须熟练掌握这一技巧。

那么，在运用"以事实说话"这一方法时，又有哪些需要注意的要点呢？以下建议，希望能为领导者们提供一些参考：

（1）道理要讲清

领导者在运用"用事实说话"这一策略时，首先自己要对事情的来龙去脉有清晰的了解。当试图说服下属时，领导者应当明确阐述事件的理论支撑，确保这些理论是下属能够理解并接受的。阐述理论依据的过程，实际上是一个逻辑思辨的过程，需要精心组织语言，哪些内容先讲、哪些内容后讲、哪些内容需要重点强调，都要考虑清楚，将为后续的实例举证奠定坚实的基础。

（2）用事实说明或举例说明

领导者在说服下属时，应提供充足的实例来支撑所阐述的理论，这些实例越贴近现实，说服力便越强。选择的事实应优先挑选具有典型性的事例，因为典型事例能够深刻反映事物的本质和规律，从而更具证明价值。

所选的事例也要务必真实可信，一旦被发现不实，那么所有事实都将受到质疑，进而失去说服力。此外在举例时，领导者应言简意赅，清晰地阐述道理，避免冗长烦琐，以免画蛇添足，影响说服效果。

3.会沟通的领导，都善于控制情绪

管理者最忌讳控制不了自己的情绪。

一个合格的管理者第一贵在忍辱耐烦，次则贵得人和。

耐冷、耐苦、耐劳、耐闲。

但忍耐并非一味委曲求全，

该发火要发火，松弛有度，收放自如。

能下人，斯能上人；能忍人，斯能胜人。

存其倔强，而去其忿激。

情绪作为内心世界的反映，可以被视为心灵的镜像。只要人们不刻意抑制它，那么心境与心态的起伏、变化，便会直接映射出情绪的色彩。据科学研究显示，积极乐观、良好的情绪能够激发人们内在的巨大潜能，促使他们出色地完成各项任务。相反，消极低落的情绪则会阻碍人们的正常思考，干扰他们的行为表现。

在生活中，我们或许都有过这样的感受：当情绪高涨、心情愉悦时，思维如泉涌，敏捷而开阔，无论是学习还是工作都能高效进行；然而一旦情绪低落、心情压抑，思维便仿佛被无形的枷锁束缚，行动也变得迟缓，学习和工作的效率也大打折扣。可以说，情绪就像一位隐形的指挥家，悄无声息地影响着我们的认知与行为。

赵杰是个性格直率的人，常常行事冲动，缺乏深思熟虑。在他小时候，他就因为一些微不足道的小事与同学发生冲突。在老师和家长心中，他是一个让人很头疼的孩子。

值得欣慰的是，尽管赵杰的脾气火暴，但他的学习成绩始终优秀。大学毕业后，他成功进入了一家公司，担任销售部经理。赵杰刚进入公司时，公司正处于初创阶段，他凭借自己的胆识和决断力，为公司的发展做出了巨大的贡献。

不过遗憾的是，赵杰依旧没能好好控制情绪。他经常因为员工的错误而大动肝火，发起脾气。但由于他在业绩方面的出色表现以及对公司的重要贡献，老板都对他忍让三分，其他同事更是对他敬而远之。

尽管公司的员工都对赵杰心怀畏惧，但新来的客户对他并不了解。即使有所了解，也不会轻易被他那种易怒、暴躁的脾气所吓倒。后来，因为赵杰的这种冲动和易怒的性格，使公司失去了几位重要的客户。

老板意识到如果任由这种情况继续下去，将对公司的发展产生不利的影响。所以就建议赵杰要学会控制自己的情绪，并为他购买了一系列关于情绪管理的书籍，同时还为他介绍了情绪管理方面的专家，帮助他改善这一问题。

出于好奇，赵杰决定向情绪管理专家寻求咨询。然而，每当他再次陷入情绪失控的境地时，他并没有从自身寻找原因，反而认为专家的建议毫无作用。尽管双方进行了多次沟通，但赵杰始终固执己见，专家也束手无策。

不久之后，在一次关键的商务谈判中，赵杰因为没能控制住自己的情绪，导致原本有望签署的合同最终没有签下。老板对他再也无法容忍，以这次谈判失败为理由，解雇了赵杰。

卡耐基说过："学会控制情绪是我们成功和快乐的秘诀。"情绪，即我们内心的感受，对生活的影响无疑是深远的。因此，学会调控自己的情绪显得尤为重要。同理，一个优秀的领导者，必须擅长驾驭自己的脾气，在工作中营造和谐的交流氛围，这也是衡量现代领导人能力的重要标准之一。

如果一个领导者像赵杰那样，无法有效地管理自己的情绪，而是任由情绪泛滥，那么他将无法营造出和谐的谈话环境，他的言辞也难以引起他人的共鸣。所以，想要营造一个良好的交流氛围，确保沟通顺畅并取得理想的谈话效果，领导者必须学会控制自己的情绪。

美国著名心理学家丹尼尔提出，个体的成功并非完全依赖于 IQ（智商），实际上，仅有 20% 的成功可以归因于智商，而剩余的 80% 则靠 EQ（情商）。EQ 作为一个管理的概念，强调以科学和人性的态度与技巧来调控情绪，充分利用情绪的积极因素，从而助力个体实现成功。

一个真正出色的领导，通常都具备超高的情商，他们能够全面掌控自己的情绪，无须担忧情绪失控而影响生活。因为他们知道如何调和并管理自己的情绪，他们能够让情绪为自己所用，而非受其驱使，成为情绪的奴隶。

那些擅长掌控自身情绪的领导者，往往能够营造出和谐的交流氛围，并轻而易举地感染和影响听众的情绪，使自己完全融入其中。这样的领导者在交往和沟通时往往能够一帆风顺。相反，那些无法有效管理情绪的领导者，尽管他们可能拥有高智商和高效的工作效率，也往往难以取得成功。

高情商的领导者通常具备强大的自我反思能力，他们擅长驾驭自己的情绪，能够迅速把情绪调整到最佳状态，并用流畅的语言表达自己的情感。在与他人交往时，他们也能更顺畅地进行沟通。所以无论是进行谈话、演讲，还是辩论，领导者都应该善于把握自己的情绪，以准确表达情感，赢得他人的信任。

4.用心倾听员工的心声和抱怨

沟通的重点不是说，而是听。

倾听员工从"心"开始。

不善于倾听，是管理者最大的欠缺。

主动放低姿态，走近员工，与员工心贴心地沟通。

洞察员工内心世界，探寻真实需求与困扰，方能深入理解并共克时艰。

尊重多样性和个体差异，多用建议，少命令。

员工的抱怨，就是揭示团队真实管理问题的一面镜子。遗憾的是，很多时候，管理层并不愿意正视这些抱怨，甚至采取手段试图压制这些声音——这种做法显然并不明智。员工的抱怨并非全然无理，如果管理者能耐心倾听，并针对员工最为关心的问题积极采取行动，不仅有助于解决团队的实际问题，还能显著提升团队管理的效率，达到事半功倍的效果。

美国杰出企业家亚克卡，曾对管理者的倾听艺术发表了自己的见解。他强调："若想激发员工的潜能，让他们全身心地投入工作，你必须学会倾听他们的声音。这正是平庸公司与卓越公司之间的区别。身为管理者，我深感欣慰的是，那些曾被团队视为普通甚至平庸的成员，因为管理者倾听了他们遇到的问题后，能够发挥出他们应有的价值，为团队做出积极的贡献。"

倾听员工的抱怨，是沟通不可或缺的一环。擅长倾听的管理者不仅能使谈话者感到愉悦，还能从中获得极具价值的信息。

倾听作为管理者洞悉员工心声的重要途径，并没有被很多管理者予以重视，他们厌烦下级的抱怨。本质上，倾听是一个互动的过程，它要求管理者接纳并理解员工的言语，洞悉他们内心的真实想法，适时做出反馈，确保信息的准确传递和沟通的有效进行。

抱怨往往被看成负面情绪的释放途径，如果管理者能倾听员工的抱怨，其实是一个很好的沟通方式。员工能够借此机会表达内心的真实感受，相较于形式化的客套交谈，这种方式更容易取得显著的成效。当员工意识到他们所面对的是一位真正的倾听者，而非急于做出判断的管理者时，他们会更愿意坦诚地提出建议。这样一来，管理者与员工之间便能携手合作，共同解决问题，而不是互相推卸责任与指责。

但如果员工无休止地抱怨，甚至不分场合地发泄不满时，管理者就需要巧妙应对了。以某电子公司的工程师小唐为例，他在技术领域表现出色，但被提拔为项目组管理者后，却面临了前所未有的挑战。他既没有财务权力，也缺乏人脉资源，同时还要应对来自上级的业绩压力和自视甚高的团队成员。在这种情境下，小唐的压力逐渐累积，他开始抱怨员工不配合管理，埋怨公司缺乏支持。但遗憾的是，他的领导并没有给予更多的关注。小唐也逐渐意识到，过度的抱怨只会显得自己无能，于是他选择了沉默，甚至不敢向正在孕期的妻子诉苦，将痛苦深藏在心底。由于无处倾诉，小唐最终患上了抑郁症。

小唐的领导在处理此事时的确有所欠缺。如果他能及时与小唐进行沟通，倾听他的抱怨，并给予必要的心理疏导和支持，或许可以避免这样的悲剧发生。

员工的抱怨，很多时候都有其合理之处。那些追求完美、智商出众但情商略逊，或者过于自负与自卑的员工，往往更容易抱怨。作为管理者，和这些员工保持及时沟通至关重要。你可以树立一个开放、愿意倾听的形象，让员工感到"遇到任何问题，都可以与我沟通，我会用心倾听，并尽力为你排忧解难"。在倾听的过程中，管理者还需要不断认同员工的情绪，用诸如"嗯，我理解"或"我也有过类似的感受"等话语来表示理解。实际上，真正的倾听往往是化解抱怨最有效的方法。

倾听他人心声是深入理解的基石，更是构筑信任关系的起点。只有当我们真正倾听过后，才能洞悉对方抱怨的根源，从而有针对性地解决问题。

身为管理者，应当时刻保持倾听的姿态，而非仅仅以命令者的身份自居，单方面向下级传达指令。管理者须以坦诚之心，扮演一个忠诚的倾听者角色，让下级能够无所顾忌地表达内心的想法与感受。

一个擅长倾听的管理者，能够确保沟通畅通无阻，从而及时发现并纠正管理中的偏差，制定出更加贴合实际、切实可行的方案和制度，有效推动团队的持续发展与进步。

管理者倾听的过程，本质上是对下级心理认可的一种体现。当员工向管理者倾诉自己的想法和抱怨时，他们能够从管理者那里获得心理上的满足感。基于礼尚往来的心理原则，员工在感受到管理者的认可后，也会不自觉地想要回报领导，更加努力地工作，赢得管理者更多的关注和认可。

管理者在倾听员工心声与抱怨时，应当着重关注以下几个方面：

（1）保持眼神交流

一般在倾听之前，我们通常会与对方进行眼神交流，以此传达出"我已做好准备，你可以开始表达了"的信息。而在倾听的时候，专注的眼神交流可以让对方有"我正在专心倾听，请继续分享"的感觉。

（2）做出积极回应

在沟通过程中，积极的身体语言，如身体前倾、点头示意以及微笑等，都至关重要。这些行为可以向对方传达出"我愿意倾听并正在努力理解"。相反，如果倾听时面无表情或缺乏任何回应，对方可能会误解成你对此话题不感兴趣或讨厌与他交谈，从而影响沟通效果。

（3）给予理解

倾听的核心在于同理心，要求管理者暂时放下个人成见，尝试站在员工的角度思考问题，并深切体会他们的感受。当管理者能做到这一点时，员工会感受到上司的理解，从而建立起对领导的信任与依赖，进一步增强员工对组织的认同感和归属感。

积极的倾听是管理者与下级沟通的关键手段，它能够显著改善部门的工作氛围，提升员工绩效。一个擅长倾听的管理者，无疑会在职业道路上走得更迅速、更稳健、更高远。

5.如何跟有逆反心理的人沟通

员工逆反，往往固执己见、油盐不进。

不要正面硬碰硬，以柔克刚才是王道。

说他们爱听的话，让他们感到被认同和接纳，然后再提出意见。

不用命令式语言，采用鼓励性和合作性的语言。

心理学表明：出于维护自尊，或者追求与众不同，或是只是好奇心驱使，人们有时会采取与对方要求相反的态度，或在言行上叛逆。这种现象就是逆反心理。

一位智者曾说："当你想要说服他人时，首先要把自己的观点冷静、理智地表达出来。然后再说'这是我的看法，但我也可能出错'。实际上，一般没人这么说话。大多数人在发现别人犯错时，会直接指出，绝对不会以谦逊的态度说自己有可能会错。但是这样反其道而行，其实更可能会让对方反思："难道真是我错了吗？'"

心理学中的"禁果效应"，也被称为"罗密欧与朱丽叶效应"，原理与人们的逆反心理紧密相关。主要表现为那些被禁止或限制的事物，反而更能引起人们的好奇心和关注度，激起他们窥探的欲望和尝试的冲动。这是因为我们常常会对无法知晓的事物更为好奇，促使我们产生去接近、了解的内在心理需求。

在与员工交流时，管理者如果能巧妙运用员工的这种心理，一般能得到意想不到的效果。如果你直接指出员工的错误，告诉他"你这样做不对"，员工往往会因为自尊心而坚定地否认，甚至反驳。最终即便他们口头上承认了错误，内心也难以接受，认为你是故意找事。在这种逆反心理的驱使下，他很可能会带着"你让我这样做，我偏偏不"的情绪去工作。

在沟通时，如果领导者能够适时加上一句"也许我做得不对"，员工反而会反思自己，并开始审视自己的行为和存在的问题，从而实现更有效的沟通。

一位作家曾说过：当他人以强烈的指责态度对待你时，你会心生不满，变得更为固执己见，一心只想着如何反驳对方。然而，倘若他并未感受到强烈的对抗或指责，那么他反而更可能改变原有的想法，接受新的观点或建议。

在公司中，虽然大多数员工都能严格遵守规则，但仍有部分员工不愿意接受领导布置的任务或提出的改进建议。面对这类员工，可以尝试以下方法，可能更为有效：

对于性格并非特别强硬的员工，沟通时我们可以尝试放缓语速、降低语调，并详细阐述他们的问题所在，以及可能出错的环节。接着，用一种请求的口吻，温和地提出"看来得请你再改进一下了"。这样请求式地指出问题，照顾到了员工的自尊，他们反而会心甘情愿去执行。

对于那些固执己见的员工，如果他们不愿意接受正面说服，我们可以尝试从反面入手。首先，以轻松随意的口吻指出文件或项目中存在的问题，并强调是否改正不重要，因为他们的部门似乎总是如此。这样的表述就是为了激发他们的好胜心理，让他们产生"你越不让我改，我越要改"的想法，这样我们便巧妙地达到了自己的目的。